나의 첫 영어 필사

작은 아씨들

Louisa May Alcott

Little Women

다락원

나의 첫 영어 필사

작은 아씨들

원작 Louisa May Alcott
각색 Michael Robert Bradie
펴낸이 정규도
펴낸곳 ㈜다락원

초판 1쇄 발행 2022년 6월 30일
 2쇄 발행 2023년 6월 30일

총괄책임 정계영
기획·편집 오순정, 김현정
디자인 김나경, 이승현

다락원 경기도 파주시 문발로 211
내용 문의 (02)736-2031 (내선 328)
구입 문의 (02)736-2031 (내선 250~252)
FAX (02)732-2037
출판등록 1977년 9월 16일 제406-2008-000007호

ISBN 978-89-277-0160-6 13740

www.darakwon.co.kr
다락원 홈페이지를 방문하시면 상세한 출판 정보와 함께 동영상 강좌,
MP3 자료 등 다양한 어학 정보를 얻으실 수 있습니다.

나의 첫 영어 필사

작은 아씨들

작은 아씨들
Little Women

1 첫 영어 필사니까 쉽고 재미있게

〈작은 아씨들 Little Women〉은 작가인 루이자 메이 올컷의 자전적인 소설로, 둘째 '조'에 자신을 투영하여 쓴 작품입니다. 마치 가의 개성 강한 네 자매 이야기인 이 작품은 여러 번 영화화될 만큼 아직도 사랑받고 있습니다. 가족 간의 사랑, 친구 간의 우정 등 작품 속 다양한 관계를 맛보며 재미있게 필사할 수 있습니다. 원어민 전문 필진이 쉬운 영어로 리라이팅하여 내용을 파악하기 쉽고, 일상에서 쓰는 영어라서 활용하기도 좋습니다. 자신 있게 시작해보세요.

2 첫 영어 필사니까 영어 공부가 되도록

이 책은 34일 동안 〈작은 아씨들〉을 읽고 필사하도록 구성했습니다. 매일 일정 분량을 읽으면서 내용을 이해하고, 필사하면서 문장 구조와 단어의 활용을 확실히 파악한 후, 영작하면서 읽은 문장을 응용할 수 있습니다.
단순히 베껴 쓰기만 하는 필사에 그치지 않도록 필사 앞뒤에 내용 이해 단계와 응용 단계를 넣었습니다. 하루에 시간을 정해 놓고 차분하게 공부해보세요. 어느새 영어와 가까워진 느낌이 들 것입니다.

3 첫 영어 필사니까 끝까지 할 수 있도록

34일 동안 공부하는 것에 자신이 없으신가요? 여러분의 일상에 영어 공부가 자리 잡을 수 있도록 스케줄러(10쪽)를 준비했습니다. 영어 공부에서 습관의 중요성은 말할 필요가 없겠죠? 매일 공부하고 직접 스케줄러에 체크하면서 성취감을 느껴보세요.

이 책의 구성

STEP 1 ▶ **Reading** 읽기

QR 코드로
음성을 들어보세요!

1

Reading을 시작하기 전에 QR코드로 음성
재생을 준비하세요.

2

음성을 들으면서 본문을 끝까지 읽어보세요.
이때 모르는 단어는 체크만 하고 뜻을 유추합니다.
다 읽고 나서 유추한 뜻이 맞는지 확인해봅니다.
이렇게 하면 책을 끝까지 읽는 힘을 기를 수 있어요.

Reading

CHAPTER ONE
Four Sisters

"Christmas isn't the same without gifts," complained Jo.
"Being poor is terrible," agreed Meg as she looked at her old
dress.
"It's not fair that some girls are rich and have everything they
want while others have nothing," said little Amy.
"But we've got our mother and father and each other," said
Beth, who always tried to see the bright side of things.
The four girls cheered up at this thought as they sat around
the fire.
"But we don't have Father," said Jo sadly. "And we won't for a
long time."
Each of them worried silently about their father, who was
away, fighting in the American Civil War.
"Mother said it would be wrong to waste money on gifts when
our men at war," said Meg.

gift 선물 complain 불평하다, 투덜거리다 agree 동의하다 동감이다 fair 공평한, 공정한 while ~는 동안 have got 가지고 있다 try to ~하려고 노력하다 bright 밝은; 빛나는 side 쪽; 면 cheer up 기운이 나다, 격려하다; 기운을 북돋우다 thought 생각 for a long time 오랫동안 worry about ~에 대해 걱정하다 silently 말없이, 조용히 fight 싸우다 the Civil War 미국의 남북전쟁 waste 낭비하다 at war 전쟁 중인, 교전 중인

gift 선물 complain
~하는 동안 have go
기운이 나다; 격려하다
말없이, 조용히 figh

3

의미를 파악하기 어려운 부분은 Reading
Points에서 확인할 수 있습니다. Reading
과 Reading Points에서 까만 동그라미에
들어간 숫자를 확인하세요.

Reading Points

❶ Christmas isn't the same without gifts.
선물이 없으니 크리스마스가 예전 같지 않다.

지저분해진 '선물이 없다니 크리스마스가 특별하지 않아'라는 투덜임은, 어느 '선물이
없다니 예전 같지 않다'는 투로 옮길 수 있다.

✦ The woman hasn't been the same since he left.
그 여자는 그가 떠난 이후로 전과 같지 않다.

❷ Being poor is terrible.
가난하다는 건 정말 끔찍하다.

동사원형에 -ing를 붙여 명사처럼 만들면 '~하는 것', '~하기'라는 뜻이 되며 동사를
명사처럼 쓸 수 있다. be poor는 '가난하다'이지만 being poor는 '가난한 것'
이라는 뜻의 명사가 되어 이렇게 주어로 쓸 수 있는 것입니다.

✦ Eating an apple a day helps you stay healthy.
사과를 하루에 한 개씩 먹으면 건강을 지키는 데 도움이 된다.

Being poor i
가난하다는 건 정말 끔

동사원형에 -ing를
명사처럼 쓸 수

❸ Some girls are rich and have everything they want while others have nothing.
어떤 여자아이들은 부유해서 원하는 것을 가지고 있는 반면에 다른 아이들은 아무것도 가진
것이 없다.

{some~ while others~}는 '어떤 ~은 ~ 하는 반면 다른아이는 ~이렇게'로
~한다'라는 의미로, 대조를 이루는 두 그룹의 차이를 묘사할 때 자주 쓰는 구문입니다.
여기서 while은 '~하는 반면에'라는 뜻입니다.

✦ Some people like to listen to music while others don't.
어떤 사람들은 음악 듣는 것을 좋아하지만 반면에 다른 사람들은 좋아하지 않는다.

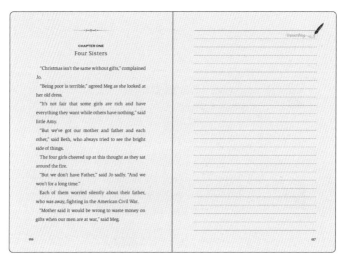

1 Reading에서 읽은 텍스트를 직접 써보세요.

2 이때 기계적으로 쓰지 않도록 합니다.
  Reading에서 이해한 내용, 문장 구조, 어휘의 용법을 생각하면서 차근차근 써보세요.

3 차분한 마음으로 내용을 생각하며 쓰다 보면 필사는 영어와 친해지는 좋은 습관이 될 수 있습니다.

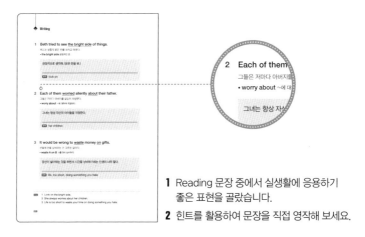

1 Reading 문장 중에서 실생활에 응용하기 좋은 표현을 골랐습니다.

2 힌트를 활용하여 문장을 직접 영작해 보세요.

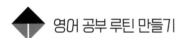

영어 공부 루틴 만들기

시간 정하기

매일 공부할 시간을 확보해주세요.
30분이면 충분합니다.

루틴 만들기

이 책의 10쪽에 있는 스케줄러에 체크하며 영어 공부를
여러분의 일상 속 습관으로 만들어보세요.

❶ 이 책을 어떻게 학습할지 여러분의 다짐을 적어보세요.

❷ 매일 날짜를 적고, 공부한 곳에 체크하면서 스케줄러를 채워보세요.
영어 공부 습관을 만들고 성취감을 느낄 수 있습니다.

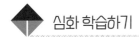 심화 학습하기

셰도잉하기

QR코드로 제공하는 음성을 활용하여 Reading 텍스트를 셰도잉해보세요. '셰도잉'은 음성이 나오는 동안 반 박자 뒤에서 따라 읽는 학습 방법입니다. 영어 발음과 리듬감을 익히는 데 큰 도움이 됩니다.

받아쓰기

QR코드로 제공하는 음성을 듣고 Reading 본문을 받아쓰기해 보세요. 정확하게 받아 적기 위해 문장의 요소 하나하나에 신경을 쓰게 되므로 듣기 실력뿐 아니라 문장 구조 이해력과 문법 실력까지 향상할 수 있습니다.

영작하기

해석을 보면서 Reading 본문을 영작해보세요. 읽을 때 잘 안다고 생각한 문장도, 막상 영작해 보면 바로 떠오르지 않을 수 있습니다. 내가 말하거나 쓸 수 있는 문장은 확실히 내 것이 됩니다.

영어 전문가의 온라인 강의와 함께하면 더욱 좋아요. www.darakwon.co.kr에서 **헤일리 선생님의 해설 강의**를 확인하세요!

Scheduler

Little Women

○ **Write down your goals**_나의 다짐 적기

Day **01** p.13	Day **02** p.19	Day **03** p.25	Day **04** p.31
date ___. ___. ___	date ___. ___. ___	date ___. ___. ___	date ___. ___. ___
○ Reading ○ Transcribing ○ Writing	○ Reading ○ Transcribing ○ Writing	○ Reading ○ Transcribing ○ Writing	○ Reading ○ Transcribing ○ Writing
Day **05** p.37	Day **06** p.43	Day **07** p.49	Day **08** p.55
date ___. ___. ___	date ___. ___. ___	date ___. ___. ___	date ___. ___. ___
○ Reading ○ Transcribing ○ Writing	○ Reading ○ Transcribing ○ Writing	○ Reading ○ Transcribing ○ Writing	○ Reading ○ Transcribing ○ Writing
Day **09** p.61	Day **10** p.67	Day **11** p.73	Day **12** p.79
date ___. ___. ___	date ___. ___. ___	date ___. ___. ___	date ___. ___. ___
○ Reading ○ Transcribing ○ Writing	○ Reading ○ Transcribing ○ Writing	○ Reading ○ Transcribing ○ Writing	○ Reading ○ Transcribing ○ Writing
Day **13** p.85	Day **14** p.91	Day **15** p.97	Day **16** p.103
date ___. ___. ___	date ___. ___. ___	date ___. ___. ___	date ___. ___. ___
○ Reading ○ Transcribing ○ Writing	○ Reading ○ Transcribing ○ Writing	○ Reading ○ Transcribing ○ Writing	○ Reading ○ Transcribing ○ Writing

Day 17 p.109 date ____. ____. ____ ○ Reading ○ Transcribing ○ Writing	**Day 18** p.115 date ____. ____. ____ ○ Reading ○ Transcribing ○ Writing	**Day 19** p.121 date ____. ____. ____ ○ Reading ○ Transcribing ○ Writing	**Day 20** p.127 date ____. ____. ____ ○ Reading ○ Transcribing ○ Writing
Day 21 p.133 date ____. ____. ____ ○ Reading ○ Transcribing ○ Writing	**Day 22** p.139 date ____. ____. ____ ○ Reading ○ Transcribing ○ Writing	**Day 23** p.145 date ____. ____. ____ ○ Reading ○ Transcribing ○ Writing	**Day 24** p.151 date ____. ____. ____ ○ Reading ○ Transcribing ○ Writing
Day 25 p.157 date ____. ____. ____ ○ Reading ○ Transcribing ○ Writing	**Day 26** p.163 date ____. ____. ____ ○ Reading ○ Transcribing ○ Writing	**Day 27** p.169 date ____. ____. ____ ○ Reading ○ Transcribing ○ Writing	**Day 28** p.175 date ____. ____. ____ ○ Reading ○ Transcribing ○ Writing
Day 29 p.181 date ____. ____. ____ ○ Reading ○ Transcribing ○ Writing	**Day 30** p.187 date ____. ____. ____ ○ Reading ○ Transcribing ○ Writing	**Day 31** p.193 date ____. ____. ____ ○ Reading ○ Transcribing ○ Writing	**Day 32** p.199 date ____. ____. ____ ○ Reading ○ Transcribing ○ Writing
Day 33 p.205 date ____. ____. ____ ○ Reading ○ Transcribing ○ Writing	**Day 34** p.211 date ____. ____. ____ ○ Reading ○ Transcribing ○ Writing		

DAY

01

QR 코드로
음성을 들어보세요!

CHAPTER ONE
Four Sisters

"❶Christmas isn't the same without gifts," complained Jo.

"❷Being poor is terrible," agreed Meg as she looked at her old dress.

"It's not fair that ❸some girls are rich and have everything they want while others have nothing," said little Amy.

"But we've got our mother and father and each other," said Beth, who always tried to see the bright side of things.

The four girls cheered up at this thought as they sat around the fire.

"But we don't have Father," said Jo sadly. "And we won't for a long time."

Each of them worried silently about their father, who was away, fighting in the American Civil War.

"Mother said it would be wrong to waste money on gifts when our men are at war," said Meg.

---

gift 선물 **complain** 불평하다, 투덜거리다 **agree** 동의하다, 동감이다 **fair** 공평한, 공정한 **while** ~하는 반면; ~하는 동안 **have got** 가지고 있다 **try to** ~하려고 노력하다 **bright** 밝은; 빛나는 **side** 면; 측면 **cheer up** 기운이 나다; 격려하다 **thought** 생각 **for a long time** 오랫동안 **worry about** ~에 대해 걱정하다 **silently** 말없이, 조용히 **fight** 싸우다 **the Civil War** (미국의) 남북전쟁 **waste** 낭비하다 **at war** 전쟁 중인, 교전 중인

❶ Christmas isn't the same without gifts.

선물이 없으니 크리스마스가 예전 같지 않아.

직역하면 '선물이 없으니 크리스마스가 똑같지 않아'라는 뜻이에요. 이는 '선물이 없으니 예전 같지 않다'는 말로 이해할 수 있어요.

+ **The woman hasn't been the same since he left.**

그 여자는 그가 떠난 이후로 예전 같지 않다.

❷ Being poor is terrible.

가난하다는 건 정말 끔찍해.

동사원형에 -ing를 붙여 '동명사'를 만들면 '~하는 것', '~하기'라는 뜻이 되어 동사를 명사처럼 쓸 수 있어요. be poor는 '가난하다'이지만 being poor는 '가난한 것' 이라는 뜻의 명사가 되어 이렇게 주어로 쓸 수 있습니다.

+ **Eating an apple a day helps you stay healthy.**

하루에 사과 한 개를 먹으면 건강을 유지하는 데 도움이 된다.

❸ Some girls are rich and have everything they want while others have nothing.

어떤 여자애들은 부유해서 원하는 걸 모두 가지고 있는 반면에 다른 여자애들은 가진 게 아무것도 없잖아.

〈some~ while others~〉는 '어떤 ~은 ~하는 반면 다른[어떤] 사람[것]들은 ~한다'라는 의미로, 대조를 이루는 두 그룹의 차이를 묘사할 때 자주 쓰는 구문입니다. 여기서 while은 '~하는 반면에'라는 뜻입니다.

+ **Some people like to listen to music while others don't.**

어떤 사람들은 음악 듣는 걸 좋아하는 반면 어떤 사람들은 좋아하지 않는다.

CHAPTER ONE
Four Sisters

"Christmas isn't the same without gifts," complained Jo.

"Being poor is terrible," agreed Meg as she looked at her old dress.

"It's not fair that some girls are rich and have everything they want while others have nothing," said little Amy.

"But we've got our mother and father and each other," said Beth, who always tried to see the bright side of things.

The four girls cheered up at this thought as they sat around the fire.

"But we don't have Father," said Jo sadly. "And we won't for a long time."

Each of them worried silently about their father, who was away, fighting in the American Civil War.

"Mother said it would be wrong to waste money on gifts when our men are at war," said Meg.

◆ Writing

1 Beth tried to see <u>the bright side</u> of things.

베스는 상황의 밝은 면을 보려고 애썼다.

- the bright side 긍정적인 면

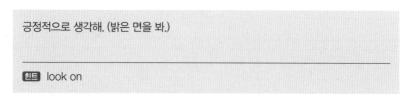

긍정적으로 생각해. (밝은 면을 봐.)

힌트 look on

2 Each of them <u>worried</u> silently <u>about</u> their father.

그들은 저마다 아버지를 말없이 걱정했다.

- worry about ~에 대하여 걱정하다

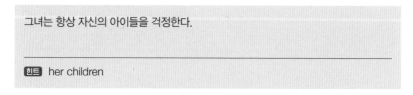

그녀는 항상 자신의 아이들을 걱정한다.

힌트 her children

3 It would be wrong to <u>waste</u> money <u>on</u> gifts.

선물에 돈을 낭비하는 건 그릇된 일이다.

- waste A on B A를 B에 낭비하다

당신이 싫어하는 것을 하면서 시간을 낭비하기에는 인생이 너무 짧다.

힌트 life, too short, doing something you hate

. . . .

정답 1 Look on the bright side.
2 She always worries about her children.
3 Life is too short to waste your time on doing something you hate.

DAY

02

QR 코드로
음성을 들어보세요!

"But all we have is a dollar each," said Jo. "Four dollars won't help the army. Let's just buy what we want. We worked hard for that money."

"❶I wish we had the money our father lost when we were little," said Meg.

"❷If I was a boy, I'd go and fight with father," said Jo.

Meg was a beautiful sixteen-year old with big round eyes and soft brown hair. As a young woman, she was very concerned with appearing neat and ladylike at all times. Jo was fifteen, tall, and thin. ❸She kept her red hair pushed back. A true tomboy at heart, her character often fell on the opposite side of Meg's. Beth was thirteen and very shy. She seemed to exist in her own happy world. Amy was the youngest and thought she was a princess. She had curly blond hair and watery blue eyes.

By six o'clock, Meg lit the lamp to light their house. Beth put her mother's slippers by the fire to warm them. Jo looked at them and said, "These are too old. Mother needs a new pair."

"Let's use our dollars to buy gifts for Mother," said Beth.

"That's a good idea," said Jo. "We'll surprise her."

---

army 군대 **lose** 잃다 (과거형 lost) **soft** 부드러운 **be concerned with** ~에 관심[관계]이 있다 **appear** ~ 해 보이다 **neat** 깔끔한, 단정한 **ladylike** 숙녀다운 **at all times** 늘, 언제나 **push back** (머리를) 뒤로 넘기다 **tomboy** 말괄량이 **fall on** ~에 해당하다 (과거형 fell) **at heart** 마음속은 **character** 성격; 특성 **opposite** 정반대의 **shy** 수줍어하는 **seem to** ~하는 것 같다 **exist** 존재하다 **curly** 곱슬곱슬한 **watery** (빛깔 등이) 엷은 **light** 불을 붙이다, 밝게 하다 (과거형 lit) **warm** 따뜻하게 하다 **a pair** 한 쌍[켤레] **surprise** 놀라게 하다

❶ I wish we had the money our father lost when we were little.

우리가 어렸을 때 아버지가 잃으신 돈이 있다면 좋을 텐데.

〈I wish (that)+주어+과거동사〉는 현재 일어날 가능성이 없거나 희박한 일을 가정하며 '~라면 좋을 텐데'라고 말할 때 씁니다. 현재와 반대되는 일을 가정하는 것이므로 wish 뒤에 나오는 절에는 과거형 동사를 사용해요.

✚ **I wish I knew.**
나도 알았으면 좋겠다.

❷ If I was a boy, I'd go and fight with father.

내가 남자라면, 가서 아버지와 함께 싸울 텐데.

〈If+주어+과거동사, 주어+조동사의 과거형+동사원형〉은 가정법 과거 형태로 현재 사실의 반대 상황을 가정할 때 씁니다. 여자인 조가 '남자라면'이라고 불가능한 일을 가정하므로 가정법 과거 형태로 말한 거예요. If I were가 정석이지만, 구어체에서는 If I was라고도 많이 씁니다.

✚ **If I were rich, I would travel all over the world.**
내가 부자라면 세계 여행을 다닐 텐데.

❸ She kept her red hair pushed back.

그녀는 자신의 빨간 머리를 뒤로 넘기고 다녔다.

〈keep+목적어+과거분사〉는 '~이 ~되도록 계속 두다'라는 의미입니다. 목적어가 '~되도록'이라는 수동의 의미이기 때문에 목적어 뒤에 과거분사를 사용한 거예요.

✚ **James kept the children excited all day long.**
제임스는 아이들을 하루 종일 계속 신나게 했다.

"But all we have is a dollar each," said Jo. "Four dollars won't help the army. Let's just buy what we want. We worked hard for that money."

"I wish we had the money our father lost when we were little," said Meg.

"If I was a boy, I'd go and fight with father," said Jo.

Meg was a beautiful sixteen-year old with big round eyes and soft brown hair. As a young woman, she was very concerned with appearing neat and ladylike at all times. Jo was fifteen, tall, and thin. She kept her red hair pushed back. A true tomboy at heart, her character often fell on the opposite side of Meg's. Beth was thirteen and very shy. She seemed to exist in her own happy world. Amy was the youngest and thought she was a princess. She had curly blond hair and watery blue eyes.

By six o'clock, Meg lit the lamp to light their house. Beth put her mother's slippers by the fire to warm them. Jo looked at them and said, "These are too old. Mother needs a new pair."

"Let's use our dollars to buy gifts for Mother," said Beth.

"That's a good idea," said Jo. "We'll surprise her."

◆ Writing

1 <u>I wish we had</u> the money our father lost when we were little.

우리가 어렸을 때 아버지가 잃으신 돈이 있으면 좋을 텐데.

• **I wish + 주어 + 과거동사** (가정법) ~라면 좋을 텐데

내가 학생이면 좋을 텐데.

_____

힌트 a student

2 She <u>seemed to</u> exist in her own happy world.

그녀는 자신만의 행복한 세계 안에 존재하는 것 같았다.

• **seem to** ~하는 것 같다

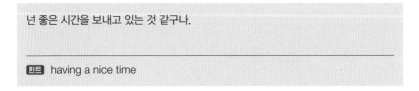

넌 좋은 시간을 보내고 있는 것 같구나.

_____

힌트 having a nice time

3 She <u>had curly blond hair</u> and <u>watery blue eyes</u>.

그녀는 금발의 곱슬머리와 엷은 푸른 눈을 가졌다.

• **have + 형용사 + 신체 부위** ~한 신체를 가졌다

그는 머리가 짧은 검은색이고 눈은 갈색이다.

_____

힌트 short black, brown

. . . .

정답 1 I wish I were a student.

2 You seem to be having a nice time.

3 He has short black hair and brown eyes.

DAY
03

QR 코드로
음성을 들어보세요!

Soon their mother, Mrs. March, arrived home from work.

"A letter from your father came," Mrs. March said excitedly. The letter cheered them up, especially the message to the girls at the end:

> Here's my love and a kiss for each of you. I think of you all every day. I know you are good to your mother, and when I come back, I'll be proud of my little women.

On Christmas morning, the girls came downstairs. Meg asked, "Where's Mother?"

"**❶**I think she's down the street," said old Hannah. **❷**Hannah was a servant who had lived with them since Jo was born. **❸**She was more like a friend.

"A poor woman came to the door, and your mother went off to help her."

Then there was a noise at the door. The girls pushed the basket of gifts for their mother back under the chair and ran into the dining room. They sat at the table, waiting for breakfast.

---

excitedly 흥분하여 **especially** 특히 **message** 메시지, 전갈 **at the end** 마지막에 **be proud of** ~을 자랑스러워하다 **downstairs** 아래층으로 **servant** 하녀, 하인 **go off** 가다, 떠나다 (과거형 went) **noise** 소리, 기척, 시끄러움 **push** 밀다, 밀어 ~쪽으로 움직이다 **dining room** 식당 **wait for** ~을 기다리다

❶ **I think she's down the street.**

동네 저쪽에 계신 것 같아.

down 하면 '아래'라는 뜻이 먼저 떠오를 텐데, down에는 '~을 따라'라는 뜻도
있어요. 그래서 down the street은 '길을 따라'라는 의미예요. 여기서는 길을 따라
동네 저쪽 편을 나타내는 것으로 볼 수 있어요.

✚ **He walked down the street.**

그는 길을 따라 (동네 저쪽으로) 걸어갔다.

❷ **Hannah was a servant who had lived with them
since Jo was born.**

해나 아주머니는 조가 태어났을 때부터 그들과 함께 살아 온 가정부였다.

〈had+과거분사〉라는 과거완료와 '~이후로'라는 뜻의 since가 함께 쓰이면
'~ 이후로 계속 ~해 왔었다'라는 의미가 됩니다. since는 일이 일어난 시작 시점을
나타내고 있어요.

✚ **I had worked at the company since I was 28 years old.**

나는 28살 이후로 그 회사에서 일을 계속 했었다.

❸ **She was more like a friend.**

그녀는 오히려 친구 같았다.

more like는 '오히려 ~ 같은'이라는 의미예요. 여기서는 앞서 집안일을 도와주는
가정부라고 했지만 친구라고 하는 게 더 정확할 것 같다는 의미로 more like를
사용했어요.

✚ **She is more like an artist.**

그녀는 오히려 예술가 같다.

Soon their mother, Mrs. March, arrived home from work.

"A letter from your father came," Mrs. March said excitedly. The letter cheered them up, especially the message to the girls at the end:

> Here's my love and a kiss for each of you. I think of you all every day. I know you are good to your mother, and when I come back, I'll be proud of my little women.

On Christmas morning, the girls came downstairs. Meg asked, "Where's Mother?"

"I think she's down the street," said old Hannah. Hannah was a servant who had lived with them since Jo was born. She was more like a friend.

"A poor woman came to the door, and your mother went off to help her."

Then there was a noise at the door. The girls pushed the basket of gifts for their mother back under the chair and ran into the dining room. They sat at the table, waiting for breakfast.

1 I'll <u>be proud of</u> my little women.

난 우리 작은 아가씨들이 자랑스러울 거야.

• **be proud of** ~을 자랑스러워하다

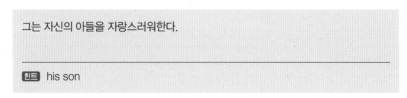

그는 자신의 아들을 자랑스러워한다.

힌트 his son

2 Your mother <u>went off</u> to help her.

어머니가 그녀를 도우러 가셨어.

• **go off** (~하려고) 나가다, 자리를 뜨다

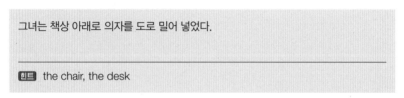

아빠가 간식을 가지러 갔어요.

힌트 my dad, get snacks

3 The girls <u>pushed</u> the basket of gifts for their mother <u>back</u> under the chair.

딸들은 어머니에게 드릴 선물 바구니를 의자 밑에 도로 밀어 넣었다.

• **push back** 도로 밀어 넣다

그녀는 책상 아래로 의자를 도로 밀어 넣었다.

힌트 the chair, the desk

....

정답 1 He is proud of his son.
　　　2 My dad went off to get snacks.
　　　3 She pushed the chair back under the desk.

DAY
04

QR 코드로
음성을 들어보세요!

"Merry Christmas, Mother!" they shouted.

"Merry Christmas, my little women!" said Mrs. March. Then she stopped smiling. "Our neighbor Mrs. Hummel is very poor and has a new baby. All six of her children are in one bed, trying to stay warm. ❶Why don't we give them our breakfast as a Christmas present?"

The girls thought for a moment.

"It's good you came back before we started eating," said Jo. Then the girls packed their breakfast into a basket.

With Hannah, they went to a miserable room in an old building. There they found a sick mother with a crying baby and a group of frightened children. Hannah brought wood and made a fire. Mrs. March gave the mother some tea and food. The girls gathered the children around the fire and fed them. Afterward, the March girls felt the inner warmth of satisfaction from their good deeds.

Mrs. March was pleased when she received her gifts later. ❷They spent a long time laughing, kissing, and talking. Then ❸the girls practiced a play that Jo had written. They were going to act it that evening.

---

stop -ing ~하는 것을 멈추다   **neighbor** 이웃   **stay+형용사** ~인 상태를 유지하다   **present** 선물   **for a moment** 잠시 동안   **pack** (짐을) 싸다, 꾸리다   **miserable** 비참한, 불쌍한   **frightened** 겁먹은; 깜짝 놀란   **bring** 가져오다 (과거형 brought)   **make a fire** 불을 피우다 (과거형 made)   **gather** 모으다   **feed** 음식을 먹이다 (과거형 fed)   **afterward** 후에, 나중에   **inner** 안의, 속의   **warmth** 따뜻함, 온기   **satisfaction** 만족   **deed** 행동, 행위   **receive** 받다   **practice** 연습하다   **play** 연극   **act** 연기하다; 행동하다

❶ <u>Why don't we</u> give them our breakfast as a Christmas present?

그들에게 크리스마스 선물로 우리의 아침 식사를 주는 게 어떻겠니?

Why don't we ∼?는 '우리 ∼하는 게 어때?'라는 뜻으로 제안을 할 때 쓰는 표현이에요. 주어를 바꿔 Why don't you ∼?라고 하면 '너는 ∼하는 게 어때?'라는 뜻으로 상대방에게 권유하는 표현이 됩니다.

✚ <u>Why don't we</u> go out for a walk?
우리 산책하러 나가는 게 어때?

❷ They <u>spent</u> a long time <u>laughing</u>, <u>kissing</u>, and <u>talking</u>.

그들은 웃고 입을 맞추고 얘기하면서 한참을 보냈다.

〈spend+시간+-ing〉는 '∼하면서 시간을 보내다'라는 뜻이에요.

✚ I <u>spent</u> every weekend <u>riding</u> a bike.
나는 매주 주말 자전거를 타면서 시간을 보냈다.

❸ The girls practiced a play that Jo <u>had written</u>.

딸들은 조가 쓴 연극을 연습했다.

〈had+과거분사〉는 과거완료로 과거에 일어난 일보다 이전에 일어난 일을 표현하기 위해 씁니다. 여기서 조가 대본을 쓴 일은 연극 연습을 한 것보다 더 전에 일어난 일이기 때문에 과거완료를 썼어요.

✚ She <u>had gone</u> out when I called her.
내가 전화했을 때 그녀는 외출하고 없었다.

"Merry Christmas, Mother!" they shouted.

"Merry Christmas, my little women!" said Mrs. March. Then she stopped smiling. "Our neighbor Mrs. Hummel is very poor and has a new baby. All six of her children are in one bed, trying to stay warm. Why don't we give them our breakfast as a Christmas present?"

The girls thought for a moment.

"It's good you came back before we started eating," said Jo. Then the girls packed their breakfast into a basket.

With Hannah, they went to a miserable room in an old building. There they found a sick mother with a crying baby and a group of frightened children. Hannah brought wood and made a fire. Mrs. March gave the mother some tea and food. The girls gathered the children around the fire and fed them. Afterward, the March girls felt the inner warmth of satisfaction from their good deeds.

Mrs. March was pleased when she received her gifts later. They spent a long time laughing, kissing, and talking. Then the girls practiced a play that Jo had written. They were going to act it that evening.

1 She stopped smiling.

그녀는 미소를 멈췄다.

• stop -ing ~하는 것을 멈추다

그는 갑자기 웃음을 멈추고 돌아섰다.

힌트 suddenly, laugh, turned around

2 The girls packed their breakfast into a basket.

딸들은 자신들의 아침 식사를 바구니에 담았다.

• pack A into B A를 B에 넣다[싸다]

그들은 옷을 가방에 쌌다.

힌트 their clothes, a bag

3 Mrs. March gave the mother some tea and food.

마치 부인은 그 엄마에게 차와 음식을 주었다.

• give A B A에게 B를 주다

그녀는 나에게 열쇠를 줬다.

힌트 me, a key

정답 1 He suddenly stopped laughing and turned around.

2 They packed their clothes into a bag.

3 She gave me a key.

DAY
05

QR 코드로
음성을 들어보세요!

On Christmas night, some friends watched the curtain rise on "Witch's Curse." As the four girls were acting, the tall castle they had made of paper fell down. Everyone laughed, but they stood it up again and kept acting.

There was a surprise for everyone when the play was finished. A late night feast! There were fruit, cake, ice cream, and French chocolate. There were even fresh flowers. The girls could not believe their eyes.

"Where did these come from?" asked Meg.

"Our wealthy neighbor, old Mr. Laurence, sent them!" said Mrs. March.

"❶He heard about you girls giving away your breakfast and was really pleased. This afternoon ❷he sent a note asking us to accept his treats."

"❸The idea must have come from the boy who lives there," said Jo. "I'm sure he wants to meet us. But he's too shy."

---

curtain 커튼, (무대의) 막 **rise** 올라가다 **witch** 마녀 **curse** 저주 **castle** 성 **fall down** 넘어지다 (과거형 fell) **stand up** 세우다 (과거형 stood) **surprise** 뜻밖의 일[선물] **feast** 잔치, 연회; 진수성찬 **wealthy** 부유한 **send** 보내다 (과거형 sent) **give away** 거저 주다, 나눠 주다 **note** 짧은 편지, 쪽지 **accept** 받아들이다 **treat** 대접, 한턱내기

❶ He <u>heard about</u> you girls <u>giving</u> away your breakfast.

그분은 너희들이 아침 식사를 나눠준 일에 대해 들으셨어.

〈hear about+목적어+-ing〉는 '~가 ~한 것에 대해 듣다'라는 의미예요.

✛ I <u>heard about</u> you <u>moving</u> to London.

네가 런던으로 이사 간다고 들었어.

❷ He sent a note <u>asking</u> us <u>to</u> accept his treats.

그분은 우리에게 자신이 대접하는 걸 받아 달라고 부탁하는 편지를 보내셨어.

〈ask A to+동사원형〉은 'A에게 ~해 달라고 부탁[요청]하다'라는 뜻이므로 ask us to accept his treats는 '우리에게 그가 대접하는 걸 받아 달라고 부탁하다'라는 뜻이에요. 이 문장에서는 asking~이라는 현재분사구문 형태로 앞에 있는 a note를 꾸며 주고 있어요.

✛ Can you <u>ask</u> her <u>to</u> call me?

그녀에게 저한테 전화해 달라고 요청해 줄래요?

❸ The idea <u>must have come</u> from the boy who lives there.

그 생각은 틀림없이 거기 사는 남자애한테서 나왔을 거야.

〈must+동사원형〉은 '~임에 틀림없다'라는 뜻으로 현재 사실에 대한 강한 추측을 나타내요. 이 문장처럼 〈must have+과거분사〉 형태로 쓰면 '~했음에 틀림없다'라는 뜻으로 과거 사실에 대한 강한 추측을 나타내요.

✛ You <u>must be</u> hungry. 너 배고프겠다.

✛ You <u>must have been</u> hungry. 너 배고팠겠다.

On Christmas night, some friends watched the curtain rise on "Witch's Curse." As the four girls were acting, the tall castle they had made of paper fell down. Everyone laughed, but they stood it up again and kept acting.

There was a surprise for everyone when the play was finished. A late night feast! There were fruit, cake, ice cream, and French chocolate. There were even fresh flowers. The girls could not believe their eyes.

"Where did these come from?" asked Meg.

"Our wealthy neighbor, old Mr. Laurence, sent them!" said Mrs. March.

"He heard about you girls giving away your breakfast and was really pleased. This afternoon he sent a note asking us to accept his treats."

"The idea must have come from the boy who lives there," said Jo. "I'm sure he wants to meet us. But he's too shy."

1 They stood it up again and <u>kept acting</u>.

그들은 그것을 다시 세우고 연기를 계속했다.

• **keep -ing** ~하는 것을 계속하다

그는 계속 자기 일에 대해 얘기했다.

_____

힌트 talking about, his work

2 He sent a note <u>asking</u> us <u>to</u> accept his treats.

그분은 우리에게 자신이 대접하는 걸 받아 달라고 부탁하는 편지를 보내셨어.

• **ask A to+동사원형** A에게 ~해 달라고 부탁[요청]하다

그녀는 나에게 자기한테 이메일을 보내 달라고 요청했다.

_____

힌트 e-mail her

3 <u>I'm sure</u> he wants to meet us.

그 애가 우리를 만나고 싶어 하는 게 분명해.

• **I'm sure (that)** ~인 것이 분명해, ~인 것을 확신해

나는 우리가 합의할 수 있다고 확신해요.

_____

힌트 reach an agreement

....

정답 1 He kept talking about his work.
　　 2 She asked me to e-mail her.
　　 3 I'm sure we can reach an agreement.

DAY
06

QR 코드로
음성을 들어보세요!

CHAPTER TWO

The Boy Next Door

A few days later, ❶Meg showed Jo a piece of paper. It was an invitation to a New Year's party at Sallie Gardiner's house.

"Mother says we can go, but what shall we wear?"

"❷Our cotton dresses are the best ones we have," said Jo. "Yours is in good condition, but there's a burn and a hole in the back of mine."

"Then you'll have to keep your back turned away from people," said Meg.

On the night of the party, Meg and Jo went to the Gardiner's house. Meg was happy to chat with Sallie Gardiner, but Jo wasn't interested in their girlish talk. She stood with her back up against the wall, watching the other kids dance. ❸When she saw a big boy coming toward her, she quickly went through a door into a small room. But another shy person was already hiding in there. He was "the Laurence boy" from the house next door.

---

next door 옆집에; 옆집의 **invitation** 초대, 초대장 **cotton** 면; 목화, 솜 **be in good condition** 상태가 좋다 **burn** 불에 탄 자국 **hole** 구멍 **back** 뒷부분, 뒤; 등 **turn away from** ~에게서 등 돌리다 **chat with** ~와 수다 떨다 **girlish** 소녀 같은 **talk** 이야기, 대화 **against** ~에 기대어 **go through** ~을 통과하다 **hide** 숨다

Reading Points

❶ Meg showed Jo a piece of paper.
메그는 조에게 종이 한 장을 보여 주었다.

piece는 '부분, 조각' 등의 뜻으로 a piece of paper는 '종이 한 장'이라는 의미예요.
종이 외에 a piece of cake(케이크 한 조각) 등에도 쓰여요.

➕ Please give me a piece of cake.
케이크 한 조각 좀 주세요.

❷ Our cotton dresses are the best ones we have.
면 드레스가 우리가 가진 제일 좋은 드레스잖아.

one은 앞에서 이미 말한 사람이나 사물을 가리킬 때 명사의 반복을 피하기 위해 쓰는
대명사예요. 여기서는 앞에 나온 dresses의 반복을 피하려고 복수형인 ones를
썼어요.

➕ My glasses are broken. I must buy new ones.
내 안경이 부러졌어. 새 것을 사야 해.

❸ When she saw a big boy coming toward her...
어떤 덩치 큰 소년이 자기 쪽으로 오고 있는 것을 보고는…

〈see+목적어+동사원형/-ing〉는 '~가 ~하는 것을 보다'라는 의미예요. 상황이
진행중임을 강조할 때는 동사원형보다 -ing형을 쓰는 게 어울려요. 여기서도 오고
있는 상황을 강조하기 위해 come 대신 coming을 썼어요.

➕ Did you see the cat sleeping on the sofa?
너 고양이가 소파에서 자고 있는 거 봤어?

CHAPTER TWO
The Boy Next Door

A few days later, Meg showed Jo a piece of paper. It was an invitation to a New Year's party at Sallie Gardiner's house.

"Mother says we can go, but what shall we wear?"

"Our cotton dresses are the best ones we have," said Jo. "Yours is in good condition, but there's a burn and a hole in the back of mine."

"Then you'll have to keep your back turned away from people," said Meg.

On the night of the party, Meg and Jo went to the Gardiner's house. Meg was happy to chat with Sallie Gardiner, but Jo wasn't interested in their girlish talk. She stood with her back up against the wall, watching the other kids dance. When she saw a big boy coming toward her, she quickly went through a door into a small room. But another shy person was already hiding in there. He was "the Laurence boy" from the house next door.

1 What shall we wear?

뭘 입을까?

• **What shall we~?** 우리 뭘 ~할까?

우리 저녁에 뭐 먹을까?

_____

힌트 eat for dinner

2 Meg was happy to chat with Sallie Gardiner.

메그는 샐리 가디너와 얘기하는 게 즐거웠다.

• **be happy to** ~하는 것이 즐겁다

그는 축제에 참여하는 게 즐거웠다.

_____

힌트 participate in, festival

3 Jo wasn't interested in their girlish talk.

조는 여자아이들 수다에는 관심이 없었다.

• **be interested in** ~에 관심이 있다

저는 이 회사의 신제품에 관심이 있어요.

_____

힌트 this company's new product

....

정답 1 What shall we eat for dinner?
2 He was happy to participate in the festival.
3 I am interested in this company's new product.

DAY
07

QR 코드로
음성을 들어보세요!

"Oh dear, I didn't know you were here," said Jo.

"That's okay," the boy said. "Hey, you live next door to us, don't you?"

"Yes," said Jo.

"Just call me Laurie," said the boy. "I like parties. But ❶I don't know how they do things over here. I lived in Europe for many years."

"I love to hear people talk about their travels," said Jo. She asked Laurie questions about schools, holidays, and trips in Europe.

"Excuse me, Jo," Meg said to Jo while she was enjoying talking to Laurie. Meg's shoes were too tight, and soon she was limping. "I've hurt my ankle. ❷I don't know how I'll get home."

❸Laurie heard her talking and offered to give them a ride home in his grandfather's carriage. When they got home, they thanked Laurie and said good night to him. Jo liked Laurie.

---

oh dear 이런 **love to** ~하는 것을 아주 좋아하다 **travel** 여행; 여행하다 **holiday** 휴일 **trip** (비교적 짧은) 여행 **tight** 꼭 끼는, 빡빡한 **limp** 절뚝거리다 **hurt** 다치다 **ankle** 발목 **offer to** ~하겠다고 제안하다 **give a ride** 태워 주다 **carriage** 4륜 마차

❶ I don't know how they do things <u>over here</u>.
여기서는 다들 어떻게 하는지 몰라.

over here는 '이쪽으로' 또는 '이곳에서는'이라는 의미예요. 여기서는 맥락상 '미국에서는'이라는 의미라고 볼 수 있어요.

+ Jenny, come <u>over here</u>. 제니, 이쪽으로 와 봐.
+ Let's start <u>over here</u>. 이곳에서 시작하자.

❷ I don't know how I'll <u>get home</u>.
집에 어떻게 갈지 모르겠어.

여기서 get home은 '집에 가다'라는 의미로 쓰였는데 이 상황에서 go home을 쓰면 어색해요. go home(집에 가다)은 가는 동작에 초점을 둔 표현이고, get home(집에 도착하다)은 집에 도착하는 것에 초점을 둔 표현이기 때문이에요.

+ Did he <u>get home</u> early yesterday?
그는 어제 집에 일찍 도착했어?
+ I <u>went home</u> early.
나는 집에 일찍 갔어. (집에 일찍 도착했는지는 알 수 없음)

❸ Laurie... offered to <u>give</u> them <u>a ride</u> home in his grandfather's carriage.
로리는 할아버지의 마차로 그들을 집까지 태워 주겠다고 했다.

〈give+목적어+a ride〉는 '~를 태워 주다'라는 뜻이에요. 여기서는 마차를 태워 준다는 의미로 쓰였는데, 흔히 차를 태워 준다고 할 때 자주 쓰는 표현이에요.

+ Can you <u>give</u> me <u>a ride</u> to the station?
저를 역까지 태워다 줄 수 있어요?

"Oh dear, I didn't know you were here," said Jo.

"That's okay," the boy said. "Hey, you live next door to us, don't you?"

"Yes," said Jo.

"Just call me Laurie," said the boy. "I like parties. But I don't know how they do things over here. I lived in Europe for many years."

"I love to hear people talk about their travels," said Jo. She asked Laurie questions about schools, holidays, and trips in Europe.

"Excuse me, Jo," Meg said to Jo while she was enjoying talking to Laurie. Meg's shoes were too tight, and soon she was limping. "I've hurt my ankle. I don't know how I'll get home."

Laurie heard her talking and offered to give them a ride home in his grandfather's carriage. When they got home, they thanked Laurie and said good night to him. Jo liked Laurie.

1 I <u>love to</u> hear people talk about their travels.

난 사람들이 자기 여행에 관해 얘기하는 걸 듣는 게 정말 좋아.

• **love to** ~하는 것을 무척 좋아하다

앤은 책 읽는 것을 무척 좋아한다.

_____

힌트 read books

2 I've <u>hurt</u> my ankle.

발목을 다쳤어.

• **I've hurt** 난 ~을 다쳤다(현재까지 다친 상태)

나는 다리를 다쳤다.

_____

힌트 my leg

3 Laurie <u>offered to</u> give them a ride home.

로리는 그들을 집까지 태워 주겠다고 했다.

• **offer to** ~하겠다고 제안하다

그는 빨래를 하겠다고 제안했다.

_____

힌트 do the laundry

....

정답 1 Anne loves to read books.
　　 2 I've hurt my leg.
　　 3 He offered to do the laundry.

DAY

08

QR 코드로
음성을 들어보세요!

The next morning, Meg said, "It was so nice to ride home in a carriage. ❶I wish we were rich enough to do that all the time."

"Well, we're not, so we must do our work with a smile like Mother does," said Jo.

Their father had lost his money helping a friend. When Jo and Meg had learned this, they wanted to earn money to help the family. Meg worked as a teacher for four small children. It was very difficult for her. Jo worked for their Aunt March. But she was an old lady who complained a lot. Beth was too shy to go to school. ❷She studied at home and helped Hannah keep the house clean. She spent lots of time playing on their old piano. Even though ❸she couldn't afford music lessons, she practiced to become a better musician. Amy was an excellent artist and hoped to become a painter when she grew up.

One day, Jo went outside to clear the snow from the garden. She looked at the Laurences' large house next door. It seemed lifeless and lonely. Jo wondered what Laurie had been doing lately when suddenly she could see him looking out from an upstairs window.

....

ride (말·마차 등을) 타고 가다 **all the time** 항상, 언제나 **like** ~처럼 **learn** (들어서) 알게 되다, 배우다 **earn** 벌다 **aunt** 이모, 고모, 숙모 **even though** 비록 ~이지만 **can't afford** ~할 형편이 안 되다 **lesson** 수업 **musician** 음악가, 연주자 **excellent** 뛰어난, 우수한 **artist** 화가, 예술가 **become** ~이 되다 **painter** 화가 **grow up** 다 자라다, 어른이 되다 (과거형 grew) **clear** 치우다; 깨끗이 하다 **lifeless** 활기 없는 **lonely** 외로운 **wonder** 궁금하다 **lately** 최근에 **look out** 바깥을 내다보다 **upstairs** 2층의, 위층의

❶ I wish we were rich enough to do that all the time.

난 우리가 늘 그럴 수 있을 만큼 부자였으면 좋겠어.

wish는 비현실적인 소망을 말할 때, hope는 현실적인 바람을 말할 때 씁니다.

➕ I wish I were a little taller.
(키가 다 자란 성인이) 내 키가 조금만 더 크다면 좋을 텐데.

➕ I hope you feel better soon.
(감기에 걸린 친구에게) 빨리 낫길 바랄게.

❷ She studied at home and helped Hannah keep the house clean.

그녀는 집에서 공부했고, 해나 아주머니를 도와 집을 청소했다.

〈keep A+형용사〉는 'A를 ~한 상태로 유지하다'라는 뜻이에요. 따라서 keep the house clean은 '집을 깨끗한 상태로 유지하다', 즉 '집을 깨끗이 청소하다'라는 의미예요.

➕ Could you keep the room warm?
방을 따뜻하게 유지해 주시겠어요?

❸ She couldn't afford music lessons...

그녀는 음악 수업을 받을 형편이 안 됐다.

afford는 '(~할 금전적·시간적) 여유가[형편이] 되다'라는 의미예요. 그래서 cannot afford (to)는 '~할 형편이 안 되다', '~할 여유가 없다'라는 의미예요.

➕ I can't afford to buy a car.
나는 차를 살 여유가 없다.

The next morning, Meg said, "It was so nice to ride home in a carriage. I wish we were rich enough to do that all the time."

"Well, we're not, so we must do our work with a smile like Mother does," said Jo.

Their father had lost his money helping a friend. When Jo and Meg had learned this, they wanted to earn money to help the family. Meg worked as a teacher for four small children. It was very difficult for her. Jo worked for their Aunt March. But she was an old lady who complained a lot. Beth was too shy to go to school. She studied at home and helped Hannah keep the house clean. She spent lots of time playing on their old piano. Even though she couldn't afford music lessons, she practiced to become a better musician. Amy was an excellent artist and hoped to become a painter when she grew up.

One day, Jo went outside to clear the snow from the garden. She looked at the Laurences' large house next door. It seemed lifeless and lonely. Jo wondered what Laurie had been doing lately when suddenly she could see him looking out from an upstairs window.

1 We <u>must</u> do our work with a smile like Mother does.

어머니가 하는 것처럼 우리는 웃으면서 우리 일을 해야 해.

• **must** ~해야만 한다

너는 매일 운동을 해야 돼.

_____

힌트 exercise, every day

2 Beth was <u>too</u> shy <u>to</u> go to school.

베스는 수줍음이 너무 많아 학교에 다닐 수 없었다.

• **too+형용사+to+동사원형** 너무 ~해서 ~할 수 없다

이 소파는 너무 커서 혼자 옮길 수 없다.

_____

힌트 sofa, big, move alone

3 She <u>couldn't afford</u> music lessons.

그녀는 음악 수업을 받을 형편이 안 됐다.

• **cannot afford (to)** ~할 형편이[여유가] 안 되다

난 그것을 살 형편이 안 됐다.

_____

힌트 it

· ·

정답 1 You must exercise every day.
    2 This sofa is too big to move alone.
    3 I couldn't afford it.

DAY

09

QR 코드로
음성을 들어보세요!

He opened the window, and Jo asked, "What's the matter? ❶Have you been sick?"

"Yes, but I'm much better now. Why don't you come for a visit?"

"I will if Mother lets me," she said.

Laurie was excited about her visit. Soon his servant came to the door and said, "Sir, there's someone here to see you."

❷There was Jo, holding a small box and three kittens. "Meg asked me to bring you some cake, and Beth thought you might like to play with her kittens."

"You are all so kind," Laurie said. "❸Is Beth the shy one who stays at home?"

"Yes, she's the good girl," answered Jo.

"And Meg is pretty, and Amy is the one with curly blond hair, right?" said Laurie.

"How did you know?" Jo asked.

Laurie blushed with embarrassment but answered, "Sometimes at night, when you forget to close your curtains, I can see you having fun. I can see you sitting around the fire with your mother. I don't have a mother."

"You should come and visit us," said Jo.

------

let 허락하다, 허용하다   **excited** 신난, 흥분한   **hold** (손에) 들다, 갖고 있다   **kitten** 새끼 고양이   **blush** 얼굴을 붉히다   **embarrassment** 당황, 어리둥절함   **sometimes** 때때로   **forget to** ~하는 것을 잊다   **have fun** 재미있게 놀다   **should** ~해야 한다 (충고, 제안)

❶ Have you been sick?

그동안 아팠어?

현재완료 〈have+과거분사〉는 과거에 시작된 일이 현재까지 영향을 미칠 때
사용해요. 여기서는 '그동안 (계속) 아팠니?'라며 과거부터 지금까지 계속 아팠는지
묻기 위해 have been을 사용한 거예요.

+ Have you been busy?
  그동안 바빴어?

+ How have you been?
  그동안 어떻게 지냈어?

❷ There was Jo, holding a small box and three kittens.

조가 조그만 상자와 새끼 고양이 세 마리를 들고 있었다.

holding a small box and three kittens는 '조그만 상자와 새끼 고양이 세 마리를
들고 있는'이라는 의미로 앞에 있는 Jo를 부연설명하고 있어요.

+ There was a man, shoveling the snow.
  눈을 치우고 있는 한 남자가 있었다.

❸ "You should come and visit us," said Jo.

"우리 집에 놀러 와."

should는 '~해야 한다'라는 뜻이지만 가볍게 추천하거나 제안할 때 쓰는
조동사입니다. 강한 의무를 나타내는 have to나 must와는 달라요. 여기서 Jo의 말도
'우리 집에 놀러 와.' 정도의 뉘앙스예요.

+ We should hang out sometime.
  우리 언제 한번 놀아야지.

He opened the window, and Jo asked, "What's the matter? Have you been sick?"

"Yes, but I'm much better now. Why don't you come for a visit?"

"I will if Mother lets me," she said.

Laurie was excited about her visit. Soon his servant came to the door and said, "Sir, there's someone here to see you."

There was Jo, holding a small box and three kittens. "Meg asked me to bring you some cake, and Beth thought you might like to play with her kittens."

"You are all so kind," Laurie said. "Is Beth the shy one who stays at home?"

"Yes, she's the good girl," answered Jo.

"And Meg is pretty, and Amy is the one with curly blond hair, right?" said Laurie.

"How did you know?" Jo asked.

Laurie blushed with embarrassment but answered, "Sometimes at night, when you forget to close your curtains, I can see you having fun. I can see you sitting around the fire with your mother. I don't have a mother."

"You should come and visit us," said Jo.

1 <u>Why don't you</u> come for a visit?

너 놀러 오지 않을래?

• **Why don't you ~?** 넌 ~하지 않을래?, 너 ~하는 게 어때?

너 택시 타는 게 어때?

_____

힌트 take a taxi

2 Laurie <u>was excited about</u> her visit.

로리는 그녀의 방문에 설레었다.

• **be excited about** ~에 신이 나다[흥분하다, 설레다]

그녀는 여행에 대해 신이 났다.

_____

힌트 the trip

3 <u>You should</u> come and visit us.

우리 집에 놀러 와.

• **You should** 넌 ~해야 해(제안, 충고)

넌 이번 기회를 잡아야 해.

_____

힌트 take this opportunity

....

정답 1 Why don't you take a taxi?
2 She was excited about the trip.
3 You should take this opportunity.

DAY
10

QR 코드로
음성을 들어보세요!

The two talked and discovered that they both loved books.

"Come and see our library if you're not afraid of my grand father."

"I'm not afraid of anybody," said Jo.

In the library, Jo was amazed by the Laurences' collection of books. Suddenly, the bell rang. The servant came and told Laurie that the doctor was there to see him. He left Jo for a moment. She stood, looking at a portrait of Grandfather Laurence, and spoke loudly, "I'm not afraid of him because he's got kind eyes, ❶even though his mouth is hard and holds."

"Thank you," said a deep voice behind her.

❷Jo turned quickly to find old Mr. Laurence. Her face turned bright red.

"You're not afraid of me, are you?"

"Not really, sir,"

"Well, ❸what have you been doing with my grandson?" he asked.

"Just cheering him up. He seems lonely," she answered.

----

discover 발견하다 **library** 도서관, 서재 **be afraid of** ~을 두려워하다 **be amazed by** ~에 깜짝 놀라다 **collection** 수집, 소장품 **ring** 울리다 (과거형 **rang**) **leave** 떠나다, 두고 가다 (과거형 **left**) **portrait** 초상화 **hard** 굳은, 엄한 **hold** 꼭 붙어 있다, 떨어지지 않다 **deep** (목소리가) 굵고 낮은 **turn red** (얼굴이) 붉어지다 **grandson** 손자

❶ even though his mouth is hard and holds
비록 그의 입은 굳게 다물고 있지만

⟨even though+주어+동사⟩는 '비록 ~이지만'이라는 의미의 접속사예요. 이때
even though 다음에는 '사실'이 나와요. 반면 비슷한 표현인 even if(비록 ~한다고
해도) 다음에는 '가정'하는 내용이 나와요.

+ Even though it's raining, she wants to ride a bike.
비록 비가 오고 있지만 그녀는 자전거를 타고 싶어 한다.

+ Even if that's true, I don't care.
비록 그게 사실이라 해도 난 상관없어.

❷ Jo turned quickly to find old Mr. Laurence.
조가 재빨리 뒤돌아보니 로렌스 할아버지가 있었다.

여기서 turned to find는 '발견하기 위해 뒤돌았다'가 아니라 '뒤돌았더니 발견했다'
라고 해석해야 해요. to부정사는 이처럼 '~해서 ~하게 되다'라는 '결과'를 나타내기도
해요.

+ Ryan grew up to be a movie director.
라이언은 자라서 영화감독이 되었다.

❸ What have you been doing with my grandson?
내 손자와 뭘 하고 있었니?

⟨have been -ing⟩는 현재완료진행 시제로 '~해 오고 있다'라는 뜻이에요. 과거에
시작된 일이 지금까지 계속 진행되고 있는 상황을 묘사할 때 사용해요.

+ I've been watching TV.
나는 계속 텔레비전을 보고 있었다.

The two talked and discovered that they both loved books.

"Come and see our library if you're not afraid of my grandfather."

"I'm not afraid of anybody," said Jo.

In the library, Jo was amazed by the Laurences' collection of books. Suddenly, the bell rang. The servant came and told Laurie that the doctor was there to see him. He left Jo for a moment. She stood, looking at a portrait of Grandfather Laurence, and spoke loudly, "I'm not afraid of him because he's got kind eyes, even though his mouth is hard and holds."

"Thank you," said a deep voice behind her.

Jo turned quickly to find old Mr. Laurence. Her face turned bright red.

"You're not afraid of me, are you?"

"Not really, sir,"

"Well, what have you been doing with my grandson?" he asked.

"Just cheering him up. He seems lonely," she answered.

◆ **Writing**

1 Jo <u>was amazed by</u> the Laurences' collection of books.

조는 로렌스 가에서 소장하고 있는 책들을 보고 깜짝 놀랐다.

• **be amazed by** ~에 의해 깜짝 놀라다

그녀는 아름다운 풍경을 보고 깜짝 놀랐다.

힌트 the beautiful landscape

2 Her face <u>turned bright red.</u>

그녀의 얼굴이 붉어졌다.

• **turn+형용사** ~한 상태로 되다

날씨가 따뜻해졌다.

힌트 weather, warm

3 He <u>seems lonely</u>.

그 애는 외로워 보여요.

• **seem+형용사** ~해 보이다, ~인 것 같다

그녀는 그에게 화가 난 것 같다.

힌트 angry

. . . .

정답 1 She was amazed by the beautiful landscape.
　　2 The weather turned warm.
　　3 She seems angry with him.

DAY

11

QR 코드로
음성을 들어보세요!

They all had tea together. Old Mr. Laurence noticed how happy Laurie seemed.

"She's right," he thought. "❶He does need cheering up."

Laurie and the March girls quickly became great friends. Laurie's tutor, Mr. Brooke, complained that his student was always running away to play.

"❷Let him enjoy himself," said Mr. Laurence. "He'll catch up with his studies later."

Together they enjoyed many happy evenings. ❸They would write and act plays and have little parties. Only Beth was too shy to go to the Laurences' big house.

Mr. Laurence heard this, and he went to speak with Mrs. March. He said that if any of the girls ever wanted to play his fine piano, they would be welcome to come over.

When Beth heard them talking about the piano, she couldn't resist. With her little hand, she touched Mr. Laurence's and said in a shaking voice, "I... I want to come very much."

---

notice 알아채다, 인지하다 **become friends** 친구가 되다 (과거형 became) **tutor** 가정교사 **run away** 달아나다 **enjoy oneself** 즐거운 시간을 보내다 **catch up with** ~을 따라잡다 **later** 후에, 나중에 **be welcome to** 마음대로 ~해도 좋다 **resist** 〈부정문〉 견디다, 참다 **touch** (손을) 대다, 만지다 **shaking** 떨리는

❶ He does need cheering up.

이 애는 정말로 기운을 북돋아 줄 필요가 있어.

이 문장의 동사는 need인데 정말 필요하다고 강조하기 위해 앞에 does를 붙였어요.
이처럼 do동사는 동사의 내용을 강조하기 위해 동사 앞에 쓸 수 있고, 이때 do동사
뒤에는 동사원형이 와요.

✛ It does look good.

이건 정말 좋아 보이네.

❷ Let him enjoy himself.

그 애가 즐겁게 지내도록 놔두게.

enjoy oneself는 '즐기다, 즐겁게 보내다'라는 의미예요. 〈let+목적어+동사원형〉은
'~가 ~하게 두다'라는 뜻이에요.

✛ He enjoyed himself during holidays.

그는 연휴 동안 즐겁게 보냈다.

❸ They would write and act plays and have little parties.

그들은 희곡을 써서 연극을 하고 작은 파티를 열곤 했다.

조동사 would에는 '~하곤 했다'라는 뜻도 있어요. 과거에 자주 했던 일에 대해 말할
때 would를 사용해요.

✛ I would play soccer on weekends.

나는 주말에 축구를 하곤 했다.

They all had tea together. Old Mr. Laurence noticed how happy Laurie seemed.

"She's right," he thought. "He does need cheering up."

Laurie and the March girls quickly became great friends. Laurie's tutor, Mr. Brooke, complained that his student was always running away to play.

"Let him enjoy himself," said Mr. Laurence. "He'll catch up with his studies later."

Together they enjoyed many happy evenings. They would write and act plays and have little parties. Only Beth was too shy to go to the Laurences' big house.

Mr. Laurence heard this, and he went to speak with Mrs. March. He said that if any of the girls ever wanted to play his fine piano, they would be welcome to come over.

When Beth heard them talking about the piano, she couldn't resist. With her little hand, she touched Mr. Laurence's and said in a shaking voice, "I... I want to come very much."

1 Let him <u>enjoy himself</u>.

그 애가 즐겁게 지내도록 놔두게.

• **enjoy oneself** 즐겁게 보내다

> 나는 파티에서 즐겁게 보냈다.
>
> _____
>
> **힌트** at the party

2 He'll <u>catch up with</u> his studies later.

밀린 공부는 나중에 따라잡을 걸세.

• **catch up with** (밀린 것을) 따라잡다

> 나는 가능하면 빨리 수업을 따라잡을 것이다.
>
> _____
>
> **힌트** the class, as soon as possible

3 When Beth heard them talking about the piano, she <u>couldn't resist</u>.

베스는 그들이 피아노에 관해 얘기하는 것을 듣고 참을 수가 없었다.

• **couldn't resist** 참을 수 없었다

> 나는 도넛을 봤을 때 참을 수가 없었다.
>
> _____
>
> **힌트** saw donuts

. . . .

정답
1 I enjoyed myself at the party.
2 I will catch up with the class as soon as possible.
3 When I saw donuts, I couldn't resist.

DAY
12

QR 코드로
음성을 들어보세요!

Beth began to go over to the Laurences' every day. Mr. Laurence and his servants enjoyed listening to her play very much. ❶She was so thankful that she sewed Mr. Laurence a new pair of slippers and left them in his study. The next day, when Beth came home from a walk, her mother told her there was a surprise for her. ❷In the front room stood a lovely little piano. On top of it was a letter for her:

Dear Miss March,

I have had many pairs of slippers. But these are the best I've ever had. ❸I want to thank you by sending you something that once belonged to my little granddaughter who died.

With many thanks, I am your good friend.

James Laurence

Shy, little Beth went to thank Mr. Laurence immediately. For the first time in her life, she acted boldly. She entered his study and said, "I want to say thank you, sir," then she threw her arms around his neck and kissed him.

---

thankful 감사하는, 고맙게 생각하는 **sew** 바느질하다, 바느질하여 만들다 **study** 서재 **front room** 응접실, 거실 **on top of** ~의 위에 **once** 한때, 옛날에 **belong to** ~에 속하다, ~의 것이다 **granddaughter** 손녀 **immediately** 즉시, 곧, 당장 **for the first time** 처음으로 **boldly** 대담하게 **enter** 들어가다 **throw one's arms around another's neck** 두 팔로 ~의 목을 껴안다 (과거형 **threw**)

❶ She was <u>so</u> thankful <u>that</u> she sewed Mr. Laurence a new pair of slippers...

그녀는 너무 고마워서 로렌스 씨에게 줄 새 슬리퍼 한 켤레를 바느질했다.

〈so A that B〉는 '너무 A해서 B하다'라는 뜻으로 원인과 결과를 나타낼 때 쓸 수 있는 표현이에요. A 자리에는 형용사가 오고 B 자리에는 절(주어＋동사)이 옵니다.

✛ She was <u>so</u> angry <u>that</u> she couldn't speak a word.

그녀는 너무 화가 나서 한마디도 할 수 없었다.

❷ In the front room <u>stood a lovely little piano</u>.

거실에 작고 예쁜 피아노 한 대가 놓여 있었다.

원래는 A lovely little piano stood in the front room.인데 부사구인 in the front room을 문두에 두고 주어와 동사의 어순을 바꾼 형태예요. 이렇게 도치하면 주의를 끌어 주어를 강조하는 효과가 있어요.

✛ On top of it <u>was a letter for her</u>.

그 위에는 그녀를 위한 편지가 있었다.

❸ I want to thank you by sending you something <u>that</u> once belonged to my little granddaughter <u>who</u> died.

난 너에게 한때는 죽은 내 어린 손녀의 것이었던 물건을 보내 고마움을 표시하고 싶구나.

that ~ granddaughter는 관계대명사절로 앞에 나오는 something을 꾸밉니다. who died도 관계대명사절로 앞에 있는 granddaughter를 꾸밉니다.

✛ I want to give you the doll <u>that</u> was made by my sister <u>who</u> likes to make things.

나는 만드는 것을 좋아하는 우리 언니가 만든 인형을 너에게 주고 싶어.

Beth began to go over to the Laurences' every day. Mr. Laurence and his servants enjoyed listening to her play very much. She was so thankful that she sewed Mr. Laurence a new pair of slippers and left them in his study. The next day, when Beth came home from a walk, her mother told her there was a surprise for her. In the front room stood a lovely little piano. On top of it was a letter for her:

Dear Miss March,

I have had many pairs of slippers. But these are the best I've ever had. I want to thank you by sending you something that once belonged to my little granddaughter who died.

With many thanks, I am your good friend.

James Laurence

Shy, little Beth went to thank Mr. Laurence immediately. For the first time in her life, she acted boldly. She entered his study and said, "I want to say thank you, sir," then she threw her arms around his neck and kissed him.

Transcribing

1 I have had <u>many pairs of</u> slippers.

나에게는 슬리퍼 여러 켤레가 있었단다.

• **many pairs of+복수 명사** 여러 쌍의 ~

그녀는 선글라스가 여러 개 있다.

_____

힌트 sunglasses

2 <u>For the first time in her life</u>, she acted boldly.

그녀는 난생처음으로 대담하게 행동했다.

• **for the first time in one's life** 난생처음으로

그녀는 난생처음으로 투표했다.

_____

힌트 voted

3 She <u>threw her arms around his neck</u> and kissed him.

그녀는 두 팔로 그의 목을 끌어안고 그에게 키스했다.

• **throw one's arms around another's neck** 두 팔로 ~의 목을 껴안다

내 조카는 두 팔로 내 목을 끌어안았다.

_____

힌트 my niece

정답 1 She has many pairs of sunglasses.
2 She voted for the first time in her life.
3 My niece threw her arms around my neck.

QR 코드로
음성을 들어보세요!

CHAPTER THREE
Amy's Accident & Meg's Parties

One afternoon, Meg and Jo were getting ready to go out.

"Where are you going?" asked Amy. "I want to come along."

"You weren't invited," said Meg. "You can't come."

"You're going somewhere with Laurie," said Amy.

"That's right," said Jo. "Now stop bothering us."

"❶You're going to the theater," cried Amy. "I want to go, too!"

"We could take her with us," said Meg.

"No," said Jo. "Laurie invited just two of us."

"But Meg says I can go!" cried Amy.

"You just stay in the house!" said Jo angrily.

"❷You'll be sorry for this, Jo March!" Amy shouted as the older girls left the house.

Jo and Meg enjoyed themselves at the theater with Laurie. But ❸Jo couldn't stop wondering what Amy would do to make her sorry.

---

get ready to ~할 준비를 하다 **go out** 외출하다, 나가다 **come along** 따라가다 **somewhere** 어딘가
bother 귀찮게 하다 **theater** 극장 **take** 데려가다 **angrily** 화가 나서 **be sorry for** ~을 후회하다

❶ You're going to the theater.

언니들은 극장에 가는 거잖아.

are going은 현재진행형이지만 여기서는 미래를 나타내고 있어요. 이처럼 〈be going to+장소〉는 가까운 미래에 '~에 갈 거야'라는 뜻으로 자주 쓰입니다.

✦ She is going to the market.

그녀는 시장에 갈 거야.

❷ You'll be sorry for this.

언니는 이 일을 후회하게 될 거야.

sorry는 보통 '미안한', '유감스러운'이라는 뜻으로 많이 쓰이지요. 하지만 여기서 sorry는 '후회하는'의 의미로 You'll be sorry for this.는 '넌 이 일을 후회하게 될 거야', '어디 두고 보자'라는 뜻이에요. 비슷한 표현으로 You'll regret it.이 있어요.

✦ Better safe than sorry.

후회하는 것보다 조심하는 게 낫다.

❸ Jo couldn't stop wondering what Amy would do to make her sorry.

조는 에이미가 자기를 후회하게 만들기 위해서 무엇을 할지 궁금한 마음을 멈출 수 없었다.

cannot stop -ing는 '~하는 것을 멈출 수 없다', '계속 ~하게 되다'라는 의미입니다. 자기도 모르게 어떤 행동을 계속하게 될 때 사용하는 표현이에요.

✦ I couldn't stop thinking about the music.

그 음악에 대해 계속 생각이 났다.

Amy's Accident & Meg's Parties

One afternoon, Meg and Jo were getting ready to go out.

"Where are you going?" asked Amy. "I want to come along."

"You weren't invited," said Meg. "You can't come."

"You're going somewhere with Laurie," said Amy.

"That's right," said Jo. "Now stop bothering us."

"You're going to the theater," cried Amy. "I want to go, too!"

"We could take her with us," said Meg.

"No," said Jo. "Laurie invited just two of us."

"But Meg says I can go!" cried Amy.

"You just stay in the house!" said Jo angrily.

"You'll be sorry for this, Jo March!" Amy shouted as the older girls left the house.

Jo and Meg enjoyed themselves at the theater with Laurie. But Jo couldn't stop wondering what Amy would do to make her sorry.

1 Meg and Jo were <u>getting ready to</u> go out.

메그와 조는 외출 준비를 하고 있었다.

• **get ready to** ~할 준비를 하다

> 그녀는 사무실을 나갈 준비를 하고 있다.
>
> _____
>
> **힌트** leave the office

2 Now <u>stop bothering</u> us.

이제 우리 좀 그만 귀찮게 해.

• **stop -ing** ~하는 것을 멈추다[그만하다]

> 제발 그만 징징거리고 잊어버려.
>
> _____
>
> **힌트** whine, get over it

3 We <u>could</u> take her with us.

우리는 저 애를 데려가도 되잖아.

• **could** ~할 수도 있다

> 콘서트가 끝난 후 우리는 식당에 갈 수도 있어.
>
> _____
>
> **힌트** restaurant, after the concert

....

정답 1 She is getting ready to leave the office.
     2 Please stop whining and get over it.
     3 We could go to the restaurant after the concert.

DAY
14

QR 코드로
음성을 들어보세요!

The next afternoon, Jo found out when she looked for her notebook of stories.

"Has anyone seen my notebook?" she asked.

Meg and Beth said, "No," but Amy was silent.

"Amy, where is it?" Jo asked.

"You're never going to see it again because I burned it!"

Jo's face turned pale. "I worked so hard writing those stories."

"I said you'd be sorry, and now you are," shouted Amy.

Jo grabbed her shoulders and shook her.

"You are a wicked, wicked little girl!" Jo cried. "I'll never forgive you!"

When Mrs. March came home and heard the story, she said to Amy, "How could you do that? ❶Those were stories Jo hoped to get printed in the newspaper."

❷Amy realized what a terrible thing she had done and started to cry. Later, ❸she begged Jo to forgive her. But Jo answered, "I'll never forgive you!"

---

find out 알아내다 (과거형 found) **look for** ~을 찾다 **silent** 말없는, 조용한 **burn** 태우다 **turn pale** 창백해 지다 **grab** 움켜잡다 **shake** 흔들다 (과거형 shook) **wicked** 사악한, 못된 **forgive** 용서하다 **get A printed** A를 인쇄[출판]하다 **realize** 깨닫다 **beg** 애원하다, 간청하다

❶ Those were stories Jo hoped to get printed in the newspaper.

그것들은 조가 신문에 내고 싶어 했던 소설들이었어.

이 문장은 Those were stories.와 Jo hoped to get the stories printed in the newspaper.라는 두 문장을 관계대명사로 연결한 것인데 관계대명사가 생략된 거예요.

✚ I lost the book I bought yesterday.
나는 어제 산 책을 잃어버렸다.

❷ Amy realized what a terrible thing she had done.

에이미는 자기가 얼마나 끔찍한 짓을 저질렀는지 깨달았다.

감탄하거나 놀랄 때 〈What+a[an]+형용사+명사+(주어+동사)〉 형태의 감탄문을 쓰는데요. 여기서는 감탄문을 문장의 목적어로 썼어요. what a terrible ~ done은 '그녀가 얼마나 끔찍한 일을 저질렀는지'라는 의미예요.

✚ I found out what a smart girl she was.
난 그녀가 얼마나 똑똑한 소녀인지 알게 됐다.

❸ She begged Jo to forgive her.

그녀는 조에게 용서해 달라고 빌었다.

beg는 '애원하다'라는 의미인데 〈beg A to+동사원형〉의 형태로 쓰면 'A에게 ~해 달라고 애원하다[빌다]'라는 뜻이 돼요.

✚ He begged her not to leave.
그는 그녀에게 떠나지 말라고 애원했다.

The next afternoon, Jo found out when she looked for her notebook of stories.

"Has anyone seen my notebook?" she asked.

Meg and Beth said, "No," but Amy was silent.

"Amy, where is it?" Jo asked.

"You're never going to see it again because I burned it!"

Jo's face turned pale. "I worked so hard writing those stories."

"I said you'd be sorry, and now you are," shouted Amy.

Jo grabbed her shoulders and shook her.

"You are a wicked, wicked little girl!" Jo cried. "I'll never forgive you!"

When Mrs. March came home and heard the story, she said to Amy, "How could you do that? Those were stories Jo hoped to get printed in the newspaper."

Amy realized what a terrible thing she had done and started to cry. Later, she begged Jo to forgive her. But Jo answered, "I'll never forgive you!"

1 Has anyone seen my notebook?

내 공책 본 사람 있어?

• **Has anyone+과거분사?** ~해 본 사람 있어?

런던에 가 본 사람 있어?

_____

힌트 been to London

2 You're never going to see it again because I burned it!

내가 태워 버렸으니까 절대 다시는 못 볼 거야!

• **You're never going to** 넌 절대 ~하지 않을 거야

넌 절대 그걸 후회하지 않을 거야.

_____

힌트 regret it

3 I'll never forgive you!

너를 절대로 용서 못 해!

• **I'll never** 난 절대 ~하지 않을 거야

난 너를 절대로 잊지 않을 거야.

_____

힌트 forget

정답
1 Has anyone been to London?
2 You're never going to regret it.
3 I'll never forget you.

QR 코드로
음성을 들어보세요!

The next day, Jo went out to skate with Laurie. Meg told Amy to follow Jo and do something nice ❶while she was in a good mood. So Amy went to the river and started skating, too. ❷Jo turned away when she saw her.

"The ice in the middle isn't safe!" called Laurie. "Stay near the edge."

Jo heard the warning, but Amy didn't. She skated to the middle of the river.

Suddenly, the ice cracked. Amy fell through the ice with a loud cry. Then Laurie quickly skated past Jo. She tried to call to Laurie, but her voice was gone. "Bring a large piece of wood!" Laurie shouted. Jo got the wood and pushed it across the ice while Laurie held Amy's head above the water. They pulled her out and quickly took the frightened girl home.

Mother wrapped Amy in blankets by the fire. She soon fell asleep. Then Jo asked her mother, "Are you sure she'll be okay?"

"Yes, it's a good thing you got her home so quickly."

"Thanks to Laurie. Oh, it's my fault! ❸I lose my temper so easily. Why can't I be more like you?"

---

skate 스케이트를 타다　follow 따라가다　be in a good mood 기분이 좋다　turn away (시선 등을) 돌리다, 외면하다　safe 안전한　edge 가장자리　warning 경고　crack 갈라지다, 깨지다　cry 비명, 고함; 외치다　past ~을 지나　be gone 사라지다　pull out 잡아당겨 꺼내다　wrap 감싸다　blanket 담요　fall asleep 잠들다 (과거형 fell)　thanks to ~ 덕분에　fault 잘못　lose one's temper 화내다

❶ while she **was in a good mood**
그녀가 기분 좋을 때

mood는 '기분'이라는 의미로 be in a good mood는 '기분이 좋다'라는 뜻이에요.
반대로 '기분이 언짢다'는 be in a bad mood가 돼요.

+ My mom **is in a good mood** today.
오늘 엄마는 기분이 좋다.

❷ Jo **turned away** when she saw her.
조는 그녀를 보고는 외면했다.

turn away는 '고개를 돌리다', '외면하다'라는 뜻이에요. 불편한 상황을 피하려고
고개를 다른 방향으로 돌리는 것을 생각하면 돼요. 참고로 turn around는
'뒤돌아보다', '돌아서다'라는 뜻이에요.

+ Julia **turned away** from him and ran across the street.
줄리아는 그에게서 고개를 돌리고 뛰어서 길을 건너 버렸다.

+ **Turn around** and look at me.
뒤돌아서 나를 봐.

❸ I **lose my temper** so easily.
저는 너무 쉽게 화를 내요.

temper는 '(걸핏하면 화를 내는) 성질'이라는 뜻으로 lose one's temper는
'(이성을 잃고 흥분하며) 화내다'라는 뜻이에요. hold one's temper는 '화를 참다'
라는 뜻이고, short-tempered는 형용사로 '다혈질인', '욱하는 기질이 있는'이라는
뜻이에요.

+ She tends to **lose her temper** so easily.
그녀는 화를 너무 쉽게 내는 경향이 있다.

The next day, Jo went out to skate with Laurie. Meg told Amy to follow Jo and do something nice while she was in a good mood. So Amy went to the river and started skating, too. Jo turned away when she saw her.

"The ice in the middle isn't safe!" called Laurie. "Stay near the edge."

Jo heard the warning, but Amy didn't. She skated to the middle of the river.

Suddenly, the ice cracked. Amy fell through the ice with a loud cry. Then Laurie quickly skated past Jo. She tried to call to Laurie, but her voice was gone. "Bring a large piece of wood!" Laurie shouted. Jo got the wood and pushed it across the ice while Laurie held Amy's head above the water. They pulled her out and quickly took the frightened girl home.

Mother wrapped Amy in blankets by the fire. She soon fell asleep. Then Jo asked her mother, "Are you sure she'll be okay?"

"Yes, it's a good thing you got her home so quickly."

"Thanks to Laurie. Oh, it's my fault! I lose my temper so easily. Why can't I be more like you?"

◆ Writing

1 Meg <u>told</u> Amy <u>to</u> follow Jo and do something nice.

메그는 에이미에게 조를 따라가서 뭔가 착한 일을 하라고 말했다.

• **tell A to+동사원형** A에게 ~하라고 말하다

그는 그녀에게 문을 열라고 했다.

_____

힌트 open the door

2 She <u>tried to</u> call to Laurie, but her voice was gone.

그녀는 로리에게 소리를 지르려고 했지만, 목소리가 나오지 않았다.

• **try to** ~하려고 노력하다[애쓰다]

우리는 에너지를 아끼려고 노력해야 한다.

_____

힌트 should, save energy

3 <u>Are you sure</u> she'll be okay?

저 애는 정말 괜찮을까요?

• **Are you sure (that) ~?** ~라고 확신해?, 정말 ~해?

정말 이게 최선이야?

_____

힌트 the best way

....

정답 1 He told her to open the door.
  2 We should try to save energy.
  3 Are you sure (that) this is the best way?

DAY

16

QR 코드로
음성을 들어보세요!

"I get angry every day," said Mrs. March. "But I've learned to hide it. ❶I don't allow all of those angry words to leave my lips. You'll learn to do the same one day."

Jo began to cry. This made Amy open her eyes and smile. Her smile hit Jo straight in the heart. They hugged one another. Everything was forgiven and forgotten.

In April, Meg accepted Annie Moffat's invitation to stay at her large house. There, ❷the more time Meg spent admiring Annie's pretty things, the more she wished she could be rich.

❸Then came the evening of a party. While the girls were getting ready, a box of flowers arrived.

"These are for Miss March," said the servant. "There's a letter, too."

"How exciting!" said the girls. "Who are they from?"

"The letter is from my mother, and the flowers are from Laurie," Meg answered.

"Really?" Annie said with a strange look.

---

get angry 화내다 **allow** 허락하다, 허용하다 **words** 말 **lips** 입술 **hit** 때리다, 치다 (과거형 hit) **straight** 똑바로, 곧장 **hug** 껴안다 **one another** 서로 **admire** 감탄하다, 칭찬하다 **be from** ~에서 오다 **strange** 이상한 **look** 표정

❶ **I don't <u>allow</u> all of those angry words <u>to</u> leave my lips.**
난 그런 화가 난 말들을 모두 내뱉지 않는단다.

〈allow A to+동사원형〉은 'A가 ~하도록 허락하다'라는 의미입니다. leave one's lips는 직역하면 '(말이) 입술을 떠나다'라는 뜻이므로 '(말을) 내뱉다'라는 의미예요.

➕ They <u>allow</u> her <u>to</u> drive her own car.
그들은 그녀가 자기 차를 운전하게 허락한다.

❷ **<u>The more</u> time Meg spent admiring Annie's pretty things, <u>the more</u> she wished she could be rich.**
메그는 애니의 예쁜 물건들에 감탄하며 시간을 많이 보낼수록 점점 더 부자였으면 하고 바랐다.

〈the 비교급+주어+동사, the 비교급+주어+동사〉는 '~할수록 더 ~하다'라는 뜻이에요. 따라서 〈the more ~, the more ~〉는 '더 많이 ~할수록 더 많이 ~하다'라는 의미가 돼요.

➕ People think that <u>the richer</u> they are, <u>the happier</u> they are.
사람들은 부자일수록 더 행복하다고 생각한다.

❸ **Then <u>came the evening of a party</u>.**
그 후 파티가 열리는 저녁이 되었다.

then이라는 시간 부사가 문두로 오면서 주어와 동사의 순서가 바뀌는 도치가 일어났어요. 원래는 The evening of a party came then.인데 새로운 사건을 소개하며 인상적인 느낌을 주려고 이렇게 도치하기도 해요.

➕ Then <u>started the parade</u>.
그 후 퍼레이드가 시작되었다.

"I get angry every day," said Mrs. March. "But I've learned to hide it. I don't allow all of those angry words to leave my lips. You'll learn to do the same one day."

Jo began to cry. This made Amy open her eyes and smile. Her smile hit Jo straight in the heart. They hugged one another. Everything was forgiven and forgotten.

In April, Meg accepted Annie Moffat's invitation to stay at her large house. There, the more time Meg spent admiring Annie's pretty things, the more she wished she could be rich.

Then came the evening of a party. While the girls were getting ready, a box of flowers arrived.

"These are for Miss March," said the servant. "There's a letter, too."

"How exciting!" said the girls. "Who are they from?"

"The letter is from my mother, and the flowers are from Laurie," Meg answered.

"Really?" Annie said with a strange look.

1 I've <u>learned to</u> hide it.

난 그것을 감추는 법을 배웠지.

• **learn to** ~하는 법을 배우다

너는 화를 참는 법을 배워야 해.

_____

힌트 should, hold your temper

2 This <u>made</u> Amy <u>open</u> her eyes and smile.

이 소리에 에이미는 눈을 떴고 미소를 지었다.

• **make+목적어+동사원형** ~가 ~하게 만들다

우리 엄마는 그가 방을 치우게 했다.

_____

힌트 clean his room

3 <u>How exciting!</u>

너무 설렌다!

• **How+형용사!** 정말[너무] ~하구나!

너무 아름답다!

_____

힌트 beautiful

. . . .

정답 1 You should learn to hold your temper.
2 My mom made him clean his room.
3 How beautiful!

DAY
17

QR 코드로
음성을 들어보세요!

At the party, Meg was asked to sing, and everyone said she had a beautiful voice. But then, while she was standing on the other side of a large table of flowers, ❶she heard Annie Moffat and her older sister Belle gossiping about her.

"❷It would be good for one of these poor March girls to marry young Laurence. He's very rich," said Annie.

"I think Mrs. March is probably planning something like that," said Belle.

Meg felt terrible about what she had heard. She cried silently to herself.

The next day, Belle offered to lend Meg a dress for Thursday. Meg tried to refuse it, but she couldn't. On that day, Belle painted Meg's lips and helped her into a beautiful, sky blue dress. Meg was shocked when she saw herself in the mirror because the neckline of the dress was cut so low.

Meg felt uncomfortable in such fine clothes at first. But she soon found that people who usually didn't speak to her were suddenly very interested. ❸Many young men were asking to be introduced to her.

---

be asked to ~해 달라고 부탁받다 **on the other side of** ~의 건너편에 **gossip** 험담[남 얘기]을 하다 **marry** 결혼하다 **probably** 아마도, 어쩌면 **lend** 빌려주다 **refuse** 거절하다 **paint** 화장하다; 칠하다 **sky blue** 하늘색 **shocked** 깜짝 놀란, 충격 받은 **mirror** 거울 **neckline** (옷의) 네크라인 **low** 낮은; (옷이) 깊이 파인 **uncomfortable** 불편한 **at first** 처음에 **introduce** 소개하다

❶ **She heard Annie Moffat and her older sister Belle gossiping about her.**

애니 모팻과 그녀의 언니 벨이 자기 얘기를 하고 있는 것을 들었다.

gossip about은 '~에 대한 소문을 말하다[험담하다]'라는 뜻이에요. 주로 타인의 사생활을 험담하는 것을 말해요.

+ Do you think gossiping about others is a social skill?
    다른 사람을 험담하는 게 사교 기술이라고 생각해?

❷ **It would be good for one of these poor March girls to marry young Laurence.**

가난한 마치 가의 딸들 중에 하나가 젊은 로렌스와 결혼하는 것도 괜찮을 거야.

would는 가정하거나 상상하며 말할 때 '~하겠지'라는 의미로 쓰여요. 그래서 〈It would be good for A to+동사원형〉은 'A가 ~하면 좋겠다', '~하는 것이 A에게 좋겠다'라는 의미가 돼요.

+ It would be good for you to come.
    너도 오면 좋을 거야.

❸ **Many young men were asking to be introduced to her.**

많은 청년들이 그녀를 소개해 달라고 부탁했다.

〈ask to+동사원형〉은 '~하는 것을 부탁[요청]하다'라는 의미예요. 〈be introduced to+사람〉은 '~에게 소개되다'인데 이 말은 '~를 소개받다'라는 뜻입니다.

+ Can I be introduced to them, please?
    저한테 그들을 소개해 주실래요? (제가 그들에게 소개될 수 있을까요?)

At the party, Meg was asked to sing, and everyone said she had a beautiful voice. But then, while she was standing on the other side of a large table of flowers, she heard Annie Moffat and her older sister Belle gossiping about her.

"It would be good for one of these poor March girls to marry young Laurence. He's very rich," said Annie.

"I think Mrs. March is probably planning something like that," said Belle.

Meg felt terrible about what she had heard. She cried silently to herself.

The next day, Belle offered to lend Meg a dress for Thursday. Meg tried to refuse it, but she couldn't. On that day, Belle painted Meg's lips and helped her into a beautiful, sky blue dress. Meg was shocked when she saw herself in the mirror because the neckline of the dress was cut so low.

Meg felt uncomfortable in such fine clothes at first. But she soon found that people who usually didn't speak to her were suddenly very interested. Many young men were asking to be introduced to her.

1 **Meg was asked to sing.**

메그는 노래를 불러 달라는 요청을 받았다.

• be asked to ~해 달라는 요청[부탁]을 받다

그는 경험과 지식을 나눠 달라는 요청을 받았다.

_____

힌트 share his experience and knowledge

2 **She cried silently to herself.**

그녀는 조용히 혼자 울었다.

• cry to oneself 속으로 울다

나는 속으로 울다가 집으로 돌아갔다.

_____

힌트 returned home

3 **Meg felt uncomfortable in such fine clothes at first.**

메그는 처음에는 이렇게 좋은 옷을 입고 있는 것이 불편했다.

• feel uncomfortable 불편하다, 거북하다

나는 옷이 불편하면 집중을 할 수 없다.

_____

힌트 concentrate, my clothes

. . . .

정답 1 He was asked to share his experience and knowledge.
  2 I cried to myself and returned home.
  3 I can't concentrate when I feel uncomfortable in my clothes.

QR 코드로
음성을 들어보세요!

Meg spotted Laurie across the room. He was staring at her unhappily. When she walked up to Laurie, she saw Belle and Annie watching and smiling at her.

"I'm so happy you came," Meg said in her most mature voice.

"Jo asked me to come and tell her how you looked."

"What are you going to say?" Meg asked.

"❶That you look so different that I didn't recognize you."

"The girls wanted to dress me up. Don't you like it?"

"No, I don't," he replied coolly.

This made Meg angry, "Then I won't stay with you!"

Later at dinner, Meg drank a lot of wine with some boys. Laurie warned her, "You're going to be sick tomorrow if you drink too much."

But ❷Meg kept drinking and dancing and laughing. On the following day, Meg was very sick.

When she returned home on Saturday, ❸she told her mother and Jo about the fancy dress she had worn and all the wine she had drunk. She told the story as if it was funny, but her face looked worried by the end.

---

spot 발견하다 **stare at** ~을 응시하다 **mature** 성숙한 **recognize** 알아보다, 식별하다 **dress up** 옷을 입히다 **coolly** 냉담하게 **drink** 마시다 (과거형 **drank**) **warn** 경고하다 **keep -ing** 계속해서 ~하다 (과거형 **kept**) **on the following day** 다음 날에 **return** 돌아오다 **fancy** 화려한, 고급의 **as if** 마치 ~인 것처럼 **funny** 재미있는

❶ That you look so different that I didn't recognize you.
네가 너무 달라 보여서 널 알아보지 못했다고 할 거야.

바로 앞에 나온 메그의 질문에 답하는 말입니다. 첫 번째 That 앞에는 I'm going to say가 생략되어 있어요. 뒤에 나오는 〈so A that B〉는 '너무 A해서 B하다'라는 의미로 원인과 결과를 나타낼 때 써요.

✦ **Those bags are so expensive that I can never afford them.**
그 가방들은 너무 비싸서 나는 살 형편이 절대 못 된다.

❷ Meg kept drinking and dancing and laughing.
메그는 계속 마시고 춤을 추고 웃었다.

keep -ing는 '계속 ～하다'라는 의미로 어떤 일을 계속 이어가거나 반복해서 할 때 사용해요.

✦ **She was so happy that she kept smiling.**
그녀는 너무 행복해서 계속 미소 지었다.

❸ She told her mother and Jo about the fancy dress she had worn and all the wine she had drunk.
그녀는 어머니와 조에게 자신이 입었던 화려한 드레스와 자신이 마셨던 모든 포도주에 대해 말했다.

원래 the fancy dress that she had worn, all the wine that she had drunk 인데 관계대명사 that이 생략된 형태예요. 파티가 엄마한테 말하는 시점보다 전에 있었던 일이므로, 과거보다 더 앞선 시제인 〈had+과거분사〉를 썼어요.

✦ **Please see the email (that) I sent you.**
제가 보낸 메일을 봐 주세요.

Meg spotted Laurie across the room. He was staring at her unhappily. When she walked up to Laurie, she saw Belle and Annie watching and smiling at her.

"I'm so happy you came," Meg said in her most mature voice.

"Jo asked me to come and tell her how you looked."

"What are you going to say?" Meg asked.

"That you look so different that I didn't recognize you."

"The girls wanted to dress me up. Don't you like it?"

"No, I don't," he replied coolly.

This made Meg angry, "Then I won't stay with you!"

Later at dinner, Meg drank a lot of wine with some boys. Laurie warned her, "You're going to be sick tomorrow if you drink too much."

But Meg kept drinking and dancing and laughing. On the following day, Meg was very sick.

When she returned home on Saturday, she told her mother and Jo about the fancy dress she had worn and all the wine she had drunk. She told the story as if it was funny, but her face looked worried by the end.

1 <u>You're going to</u> be sick tomorrow if you drink too much.

너무 많이 마시면 내일 아플 거야.

• **You're going to** 너는 ~할 거야

넌 인스타그램에 그것을 올리면 후회할 거야.

힌트 regret, post, on Instagram

2 <u>On the following day</u>, Meg was very sick.

다음 날, 메그는 많이 아팠다.

• **on the following day** 다음 날

그 다음 날 그녀는 그를 다시 찾아갔다.

힌트 visited, again

3 She told the story <u>as if</u> it was funny.

그녀는 재미있었던 것처럼 이야기를 들려 줬다.

• **as if** 마치 ~인 것처럼

그녀는 아무 일도 일어나지 않은 것처럼 행동했다.

힌트 behaved, nothing had happened

정답 1 You're going to regret if you post it on Instagram.
　　2 On the following day, she visited him again.
　　3 She behaved as if nothing had happened.

QR 코드로
음성을 들어보세요!

"Is there something you're not telling us?" asked Mother.

Meg's cheeks became red.

"I hate those people for the terrible things they said about us and Laurie!" she said. Then she told them about the gossip she had overheard.

"That's garbage!" cried Jo. "Laurie will laugh when I tell him about the plans."

"No, you must never repeat that wicked gossip," Mother said to Jo.

"Do you have plans?" Meg asked Mother.

"All mothers have plans, my dear. But ❶mine are different from what the Moffats think. I want my daughters to be loved, and I want them to be respected by the community. ❷I'd rather you be poor if it means you have a peaceful life. ❸Your father and I will always be proud of you, whether you get married or stay single."

"We will make you proud of us," said Meg and Jo together.

---

cheek 뺨　**hate** 몹시 싫어하다　**overhear** 엿듣다 (과거분사형 overheard)　**garbage** 쓰레기; 무가치한 것
repeat 반복하다　**be different from** ~과 다르다　**respect** 존경하다　**community** 공동 사회, 지역 사회
would rather ~하는 편이 낫다　**mean** 의미하다　**peaceful** 평화로운　**life** 생활, 인생　**whether A or B**
A이든 B이든 간에　**get married** 결혼하다　**stay single** 독신으로 지내다

❶ Mine are different from <u>what the Moffats think</u>.

내 계획은 모팻 가 사람들이 생각하는 것과는 달라.

여기서 mine은 my plans를 가리켜요. what the Moffats think는 '모팻 가 사람들이 생각하는 것'이라는 뜻으로 from의 목적어로 쓰이고 있어요. 〈what+주어+ 동사〉는 '~한 것'이라는 뜻으로 문장에서 명사처럼 쓰여요.

✛ The result could be completely different from <u>what you think</u>.
결과는 네가 생각하는 것과는 완전히 다를 수 있다.

❷ <u>I'd rather you be</u> poor if it means you have a peaceful life.

가난이 평화로운 삶을 의미한다면 난 너희들이 가난한 게 낫다.

I'd rather you be[were] 하면 '난 (차라리) 네가 ~하는 게 낫겠다'라는 뜻입니다.

✛ <u>I'd rather you be</u> honest instead of just making excuses.
난 네가 변명만 하는 대신 정직한 게 낫겠어.

❸ Your father and I will always be proud of you, <u>whether</u> you get married <u>or</u> stay single.

너희가 결혼하든 독신으로 지내든 너희 아버지와 난 항상 너희를 자랑스러워할 거야.

whether A or B는 'A든지 B든지'라는 뜻으로 둘 중 아무거나 상관없다는 의미예요.

✛ It doesn't matter <u>whether</u> you win <u>or</u> lose.
네가 이기든 지든 문제가 되지 않아.

"Is there something you're not telling us?" asked Mother.

Meg's cheeks became red.

"I hate those people for the terrible things they said about us and Laurie!" she said. Then she told them about the gossip she had overheard.

"That's garbage!" cried Jo. "Laurie will laugh when I tell him about the plans."

"No, you must never repeat that wicked gossip," Mother said to Jo.

"Do you have plans?" Meg asked Mother.

"All mothers have plans, my dear. But mine are different from what the Moffats think. I want my daughters to be loved, and I want them to be respected by the community. I'd rather you be poor if it means you have a peaceful life. Your father and I will always be proud of you, whether you get married or stay single."

"We will make you proud of us," said Meg and Jo together.

1 Is there something you're not telling us?

우리에게 말하지 않은 게 있니?

• **Is there something ~?** ~한 것이 있어?

나한테 말하고 싶은 게 있어?

_____

힌트 want, tell

2 Mine are different from <u>what the Moffats think.</u>

내 계획은 모팻 가 사람들이 생각하는 것과는 달라.

• **what+주어+동사** ~한 것

네 계획은 그가 만든 것과 달라.

_____

힌트 plans, different from, made

3 I <u>want</u> my daughters <u>to</u> be loved.

난 내 딸들이 사랑받기를 원한다.

• **want A to+동사원형** A가 ~하기를 원하다

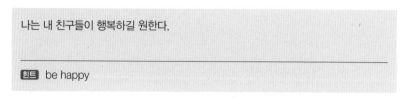

나는 내 친구들이 행복하길 원한다.

_____

힌트 be happy

. . . .

정답 1 Is there something you want to tell me?
　　　 2 Your plans are different from what he made.
　　　 3 I want my friends to be happy.

DAY
20

QR 코드로
음성을 들어보세요!

CHAPTER FOUR

The Hardest Days

One afternoon in October, Jo took the bus into town. From the bus stop, she walked up to a building on a busy street. ❶She was so nervous that she ran in and out of the building several times. On the fourth time, she finally walked up the stairs. Ten minutes later, she came out. ❷Laurie, who happened to see her from the beginning, was waiting for her.

"❸What are you doing here?" she asked, surprised.

"I'm waiting for you. I have a secret to tell you. But first tell me yours," he said.

"Okay, but don't tell anybody. I've given two of my stories to the newspaper. I'll find out next week if they'll be printed."

"Jo March, the famous writer!" Laurie said excitedly.

Jo was happy. "What's your secret?"

"Do you remember the glove that Meg lost at the picnic last summer? Well, I know who has it," smiled Laurie.

---

take (버스 등을) 타다 (과거형 took) **bus stop** 버스 정류장 **busy street** 번화가 **nervous** 긴장한, 불안한 **finally** 마침내 **stairs** 계단 **come out** 나오다 **happen to** 우연히 ~하다 **from the beginning** 처음부터 **secret** 비밀 **famous** 유명한 **writer** 작가 **glove** 장갑

❶ She was so nervous that she ran in and out of the building several times.

그녀는 너무 긴장해서 건물을 몇 번이나 들락날락했다.

in and out of는 '~을 들락날락하는'이라는 의미예요. 여기서처럼 앞에 run이 있으면 뛰어서 들어갔다 나왔다 하는 모습을 묘사해요.

✛ My cat kept coming in and out of my room.
우리 집 고양이는 내 방을 계속 들락날락했다.

❷ Laurie, who happened to see her from the beginning, was waiting for her.

우연히 그녀를 처음부터 보았던 로리가 그녀를 기다리고 있었다.

happen to는 평서문에서는 보통 '우연히 ~하다'라는 뜻이에요. 의문문인 Do you happen to know ~?는 '혹시 ~을 알고 있어요?'라고 공손하게 묻는 표현이에요.

✛ I happened to overhear that conversation.
난 그 대화를 어쩌다 엿들었다.

❸ "What are you doing here?" she asked, surprised.

"여긴 웬일이야?" 그녀가 놀라서 물었다.

여기서 surprised는 주어 she의 상태를 설명하기 위해 덧붙인 분사구문이에요. 앞에 being이 생략된 형태인데, 이런 과거분사형 분사구문은 문장의 앞이나 중간, 끝에도 올 수 있어요.

✛ She nodded slowly, disappointed at the result.
그녀는 결과에 실망하여 천천히 고개를 끄덕였다.

CHAPTER FOUR

The Hardest Days

One afternoon in October, Jo took the bus into town. From the bus stop, she walked up to a building on a busy street. She was so nervous that she ran in and out of the building several times. On the fourth time, she finally walked up the stairs. Ten minutes later, she came out. Laurie, who happened to see her from the beginning, was waiting for her.

"What are you doing here?" she asked, surprised.

"I'm waiting for you. I have a secret to tell you. But first tell me yours," he said.

"Okay, but don't tell anybody. I've given two of my stories to the newspaper. I'll find out next week if they'll be printed."

"Jo March, the famous writer!" Laurie said excitedly.

Jo was happy. "What's your secret?"

"Do you remember the glove that Meg lost at the picnic last summer? Well, I know who has it," smiled Laurie.

1   Jo took the bus into town.

조는 버스를 타고 시내로 갔다.

• **take+교통수단** ~을 타다

그녀는 택시를 타고 공항에 갔다.

_____

🔲힌트 taxi, airport

2   Ten minutes later, she came out.

10분 후에 그녀가 나왔다.

• **later** ~ 후에

몇 분 후에 그는 나에게 전화를 했다.

_____

🔲힌트 a few minutes, called

3   I've given two of my stories to the newspaper.

난 내 소설 중 두 개를 신문사에 냈어.

• **give A to B** A를 B에게 주다[내다]

그녀는 자신의 이력서를 그 회사에 냈다.

_____

🔲힌트 resume, the company

....

🔲정답 1 She took a taxi to the airport.

2 A few minutes later he called me.

3 She gave her resume to the company.

DAY
21

QR 코드로
음성을 들어보세요!

Laurie whispered a name in Jo's ear. She looked displeased.

"I saw it in his pocket. But ❶remember that you mustn't tell anyone."

"I didn't promise not to tell," said Jo.

"Aren't you pleased?" asked Laurie.

"❷The idea of someone taking Meg away doesn't please me," Jo said seriously.

Two Saturdays later, Meg saw Laurie chasing Jo all over the garden. Then the two of them fell on the grass. They were laughing, and Jo was waving around a newspaper.

Jo brought the newspaper into the house and began to read it.

"❸Is there anything interesting in the paper?" asked Meg.

"Just a story," said Jo.

"Read it aloud," said Amy. "It might be funny."

Jo read it very quickly. It was a story about two lovers named Viola and Angelo. Most of the characters died in the end, but the girls enjoyed it. Meg even cried during the sad parts.

---

whisper 속삭이다 **displeased** 화난, 불쾌한 **pocket** 주머니 **promise to** ~하기로 약속하다 **please** 기쁘게 하다 **seriously** 심각하게, 진지하게 **chase** 뒤쫓다 **grass** 잔디, 풀밭 **wave around** 이리저리 흔들다 **aloud** 소리 내어 **lover** 연인 **named** ~라는 이름의 **character** 등장인물 **in the end** 결국, 마지막에

Reading Points

❶ Remember that you mustn't tell anyone.

누구에게도 말하면 안 된다는 걸 명심해.

remember는 '명심하다', '기억하다'라는 뜻입니다. remember 다음에 that은
생략이 가능해요.

+ Remember (that) you should always keep your promises.

항상 약속을 지켜야 한다는 것 명심해.

❷ The idea of someone taking Meg away doesn't please me.

누군가가 메그를 데려간다는 생각은 기쁘지 않아.

이 문장의 주어는 The idea~away까지고 동사는 please예요. please를 부탁할
때 쓰는 단어라고만 생각하기 쉽지만 '~를 기쁘게 하다'라는 동사로도 쓰입니다.
take~away는 '~를 데려가다'라는 뜻입니다.

+ It is hard to please my mom.

우리 엄마를 기쁘게 하는 것은 힘들다.

❸ Is there anything interesting in the paper?

신문에 뭐 흥미로운 거라도 났어?

anything interesting은 '흥미로운 무언가'라는 의미로 형용사 interesting이
명사 anything을 뒤에서 꾸며 주고 있어요. 이처럼 -thing으로 끝나는 anything,
something, nothing은 형용사가 뒤에서 꾸며 줘요.

+ There's nothing interesting on TV.

텔레비전에 재미있는 게 하나도 안 해.

Laurie whispered a name in Jo's ear. She looked displeased.

"I saw it in his pocket. But remember that you mustn't tell anyone."

"I didn't promise not to tell," said Jo.

"Aren't you pleased?" asked Laurie.

"The idea of someone taking Meg away doesn't please me," Jo said seriously.

Two Saturdays later, Meg saw Laurie chasing Jo all over the garden. Then the two of them fell on the grass. They were laughing, and Jo was waving around a newspaper.

Jo brought the newspaper into the house and began to read it.

"Is there anything interesting in the paper?" asked Meg.

"Just a story," said Jo.

"Read it aloud," said Amy. "It might be funny."

Jo read it very quickly. It was a story about two lovers named Viola and Angelo. Most of the characters died in the end, but the girls enjoyed it. Meg even cried during the sad parts.

◆ Writing

1 Meg <u>saw</u> Laurie <u>chasing</u> Jo all over the garden.

메그는 로리가 정원을 누비면서 조를 쫓아다니는 모습을 보았다.

• **see+목적어+-ing** ~가 ~하고 있는 것을 보다

나는 여자 한 명이 도로를 건너고 있는 것을 봤다.

_____

힌트 crossing the road

2 Jo <u>brought</u> the newspaper <u>into</u> the house.

조는 신문을 집에 가지고 들어왔다.

• **bring A into B** A를 B에 가지고 들어오다

그녀는 여행 가방을 방에 가지고 들어왔다.

_____

힌트 the suitcase, the room

3 Most of the characters died <u>in the end</u>.

대부분의 등장인물이 마지막에 죽었다.

• **in the end** 결국, 마지막에

그녀는 결국에는 대학을 졸업했다.

_____

힌트 graduated from university

....

정답 1 I saw a woman crossing the road.

2 She brought the suitcase into the room.

3 She graduated from university in the end.

QR 코드로
음성을 들어보세요!

"Who wrote it?" asked Beth.

Jo's eyes were bright and shining.

"I did," she said. Meg was surprised, "You?"

"It's wonderful," said Amy. "I knew it was yours," cried Beth. She hugged Jo and said, "Oh, I'm so proud."

Mrs. March was also very proud when they told her about the story. That evening, ❶there was no happier or prouder family than the Marches.

It was a dull November afternoon, and Mrs. March and the girls were sitting with Laurie. Suddenly, Hannah hurried into the room with a telegram. Mrs. March read it and dropped it to the floor. Her hands were shaking, and her face was white. ❷Jo picked it up and read it to the others in a frightened voice.

> Mrs. March,
>
> Your husband is very sick. Come to Blank Hospital at once.
>
> Dr. Hale

❸The girls cried together while Hannah prepared Mrs. March's things for the long trip.

---

shine 빛나다 **dull** 단조롭고 지루한, 따분한 **hurry into** ~로 급히 들어가다 **telegram** 전보 **drop** 떨어뜨리다
floor 바닥 **pick up** 줍다, 집어 들다 **at once** 즉시, 당장 **prepare** 준비하다

❶ **There was no happier or prouder family than the Marches.**

마치 가족보다 더 행복하고 자부심 넘치는 가족은 없었다.

〈no+비교급+명사+than〉을 직역하면 '~보다 더 ~한 ~은 없는'이 돼요. 이는 '~가 제일 ~한'이라는 최상급 의미를 나타내요.

+ There was no faster car than this on earth.
지구상에 이보다 더 빠른 차는 없었다.

❷ **Jo picked it up and read it to the others in a frightened voice.**

조는 그것을 집어서 겁먹은 목소리로 다른 사람들에게 읽어 주었다.

pick up은 '~을 집다'라는 뜻입니다. 이 문장처럼 대명사로 된 목적어는 pick과 up 사이에 와야 해요. 즉, picked up it이라고는 쓰지 않아요.

+ Jessie picked it up and looked at it very carefully.
제시는 그것을 집어 들어서 매우 주의 깊게 살펴봤다.

❸ **The girls cried together while Hannah prepared Mrs. March's things for the long trip.**

해나 아주머니가 긴 여행에 필요한 마치 부인의 물건을 챙기는 동안에 딸들은 함께 울었다.

while은 '~하는 동안에'라는 뜻의 접속사로 두 가지 일이 동시에 일어날 때 사용해요. 여기서는 해나가 마치 부인의 여행 준비를 하는 동안 동시에 딸들이 울고 있었다는 의미로 while을 써서 두 상황을 연결했어요.

+ I was cooking while she was watching TV.
그녀가 TV를 보고 있는 동안 나는 요리하고 있었다.

"Who wrote it?" asked Beth.

Jo's eyes were bright and shining.

"I did," she said. Meg was surprised, "You?"

"It's wonderful," said Amy. "I knew it was yours," cried Beth. She hugged Jo and said, "Oh, I'm so proud."

Mrs. March was also very proud when they told her about the story. That evening, there was no happier or prouder family than the Marches.

It was a dull November afternoon, and Mrs. March and the girls were sitting with Laurie. Suddenly, Hannah hurried into the room with a telegram. Mrs. March read it and dropped it to the floor. Her hands were shaking, and her face was white. Jo picked it up and read it to the others in a frightened voice.

> Mrs. March,
>
> Your husband is very sick. Come to Blank Hospital at once.
>
> Dr. Hale

The girls cried together while Hannah prepared Mrs. March's things for the long trip.

1 There was <u>no happier or prouder family than</u> the Marches.

마치 가족보다 더 행복하고 자부심 넘치는 가족은 없었다.

• no+비교급+명사+than ~보다 더 ~한 ~은 없는

시내에 이것보다 더 큰 집은 없었다.

_____

힌트 bigger houses, in town

2 Mrs. March read it and <u>dropped</u> it to the floor.

마치 부인은 그것을 읽더니 바닥에 떨어뜨렸다.

• drop 떨어뜨리다

누가 컵을 떨어뜨렸어?

_____

힌트 who, the cup

3 Her hands were <u>shaking</u>, and her face was white.

그녀의 손이 떨리고 얼굴이 창백했다.

• shake 흔들다. (몸을) 떨다

그는 입술과 손을 부들부들 떨고 있었다.

_____

힌트 his lips and hands

....

정답 1 There were no bigger houses than this in town.
  2 Who dropped the cup?
  3 His lips and hands were shaking.

QR 코드로
음성을 들어보세요!

"How can I help?" asked Laurie.

"Please send a telegram to tell the doctor that I'm coming as soon as possible," said Mrs. March.

"The next train leaves early in the morning. Jo, give me a pen and paper. ❶I must write Aunt March a note asking to borrow some money for the journey."

Mr. Brooke came to their house as ❷they were busy helping their mother prepare.

"I'm sorry to hear the bad news," Mr. Brooke said gently. "Mr. Laurence thinks it would be a good idea if I travel with Mrs. March."

"How kind!" Meg said. "❸I'd be happy to know there is someone to take care of Mother. Thank you so much," she said, holding his hand and looking into his warm, brown eyes.

Jo went out to buy something and returned late in the afternoon. Then she gave her mother some money.

"That's to help make Father well and to bring him home."

"Twenty-five dollars!" said Mrs. March. "How did you get this?"

Jo took off her hat.

---

as soon as possible 가능한 한 빨리　**borrow** 빌리다　**journey** 여행　**be sorry to** ~해서 유감이다
gently 상냥하게, 부드럽게　**take care of** ~을 돌보다　**look into** ~을 들여다보다　**well** 건강한　**take off**
(옷·모자 등을) 벗다

❶ I must write Aunt March a <u>note</u> <u>asking</u> to borrow some money for the journey.

마치 고모님께 편지를 써서 여행에 필요한 돈을 빌려 달라고 부탁해야겠어.

asking~journey는 앞에 있는 명사인 note를 꾸며 주는 현재분사구예요. 이처럼 현재분사를 포함한 수식어구가 긴 경우에는 명사를 뒤에서 꾸며요.

➕ **I sent an <u>email</u> <u>asking</u> for an update.**
나는 최신 상황을 요청하는 이메일을 보냈다.

❷ They <u>were busy</u> <u>helping</u> their mother <u>prepare</u>.

그들은 어머니가 준비하는 걸 돕느라 바빴다.

be busy -ing는 '~하느라 바쁘다'라는 의미예요. busy는 뒤에 -ing 형태가 오는 특이한 형용사예요. 〈help+목적어+동사원형〉은 '~가 ~하는 것을 돕다'라는 뜻으로 이때 목적어 뒤에는 동사원형이 와요.

➕ **I <u>was busy</u> helping my sister <u>clean</u> her room.**
나는 여동생이 방을 치우는 걸 돕느라 바빴다.

❸ <u>I'd be happy to</u> know there is someone to take care of Mother.

어머니를 보살펴 드릴 사람이 있다는 걸 알게 돼서 기뻐요.

I'd be happy to는 '~하면 기쁠 것이다', '~해서 기쁘다'라는 의미예요. 상대방의 제안이나 부탁을 흔쾌히 들어줄 때 '기꺼이 ~할게'라는 뜻으로 자주 사용하는 표현이에요.

➕ **<u>I'd be happy to</u> help you.**
도와드리게 돼서 기뻐요. (기꺼이 도와드릴게요.)

"How can I help?" asked Laurie.

"Please send a telegram to tell the doctor that I'm coming as soon as possible," said Mrs. March.

"The next train leaves early in the morning. Jo, give me a pen and paper. I must write Aunt March a note asking to borrow some money for the journey."

Mr. Brooke came to their house as they were busy helping their mother prepare.

"I'm sorry to hear the bad news," Mr. Brooke said gently. "Mr. Laurence thinks it would be a good idea if I travel with Mrs. March."

"How kind!" Meg said. "I'd be happy to know there is someone to take care of Mother. Thank you so much," she said, holding his hand and looking into his warm, brown eyes.

Jo went out to buy something and returned late in the afternoon. Then she gave her mother some money.

"That's to help make Father well and to bring him home."

"Twenty-five dollars!" said Mrs. March. "How did you get this?"

Jo took off her hat.

1 I'm coming as soon as possible.

가능한 한 빨리 갈 거야.

• **as soon as possible** 가능한 한 빨리

가능하면 빨리 당신의 이력서를 보내 주세요.

_____

힌트 send your resume

2 It would be a good idea if I travel with Mrs. March.

제가 마치 부인과 함께 여행하면 좋을 거예요.

• **It would be a good idea if** ~하면 좋을 것이다

네가 제니한테 사과하면 좋을 거야.

_____

힌트 apologize to Jenny

3 Jo took off her hat.

조는 모자를 벗었다.

• **take off** (옷·모자 등을) 벗다

그들은 재킷을 벗고 있다.

_____

힌트 their jacket

....

정답 1 Please send your resume as soon as possible.
2 It would be a good idea if you apologize to Jenny.
3 They are taking off their jacket.

DAY

24

QR 코드로
음성을 들어보세요!

"Where is your beautiful hair?" cried Amy.

❶All of Jo's thick, red hair was cut off. She had sold her hair to a wig-maker.

All of the women began to cry at Jo's sacrifice.

"Don't cry," said Jo. "I really wanted to help. And it will grow back soon. ❷In the meantime, it'll be easier to keep tidy."

But that night the other girls heard Jo crying a little bit.

"The selfish part of me is making me cry for my hair," said Jo. "I'll be all right in the morning."

While Mother and Mr. Brooke were away, Meg and Jo went back to their jobs. Beth and Amy helped Hannah keep the house clean. Everyone tried very hard to work, be good, and be helpful.

When news of their father first came, ❸it said that he was dangerously ill but slowly starting to get better.

Ten days after Mother left, Beth came home late one night. She had been visiting Mrs. Hummel's sick baby at their house. She went straight into Mother's room and closed the door.

---

thick (머리카락이) 숱이 많은　**cut off** 잘라 내다 (과거분사형 cut)　**sell** 팔다 (과거분사형 sold)　**wig-maker** 가발 제조업자　**sacrifice** 희생　**in the meantime** 그 사이에, 그러는 동안에　**tidy** 단정한, 말쑥한　**a little bit** 약간　**selfish** 이기적인　**away** (어디 가고) 없는, 부재중인　**go back to** ~로 돌아가다　**helpful** 도움이 되는　**dangerously** 위독하게; 위험하게　**get better** 좋아지다, 회복되다

◆ **Reading Points**

❶ All of Jo's thick, red hair was cut off.

조의 숱 많은 빨간 머리카락이 모두 잘려 있었다.

cut off는 '~을 잘라 내다'라는 뜻이에요. 여기서는 머리카락을 주어로 하여 was cut off라는 수동태로 썼으므로 '잘렸다'라는 의미예요.

+ The tree was cut off from the root.
나무는 뿌리에서부터 잘려 있었다.

❷ In the meantime, it'll be easier to keep tidy.

그동안은 단정하게 하기가 더 쉬울 거야.

in the meantime은 '그동안'이라는 의미로 여기서는 '머리가 짧은 동안'을 나타내요.

+ In the meantime, I make breakfast for them.
그동안 나는 그들을 위해 아침을 만든다.

❸ It said that he was dangerously ill but slowly starting to get better.

그가 위독했지만 서서히 회복되기 시작하고 있다고 적혀 있었다.

It said~는 편지나 책 등에 나온 내용을 말할 때 자주 사용해요. get better는 '(상황이) 좋아지다', '(병이) 회복되다'라는 의미가 있어요. 또한 일상 회화에서 Get better soon!은 '쾌유를 빌어요!'라는 인사로도 많이 사용해요.

+ I hope my grandma will get better soon and come back home.
할머니가 얼른 쾌유해서 집에 돌아오시면 좋겠다.

153

"Where is your beautiful hair?" cried Amy.

All of Jo's thick, red hair was cut off. She had sold her hair to a wig-maker.

All of the women began to cry at Jo's sacrifice.

"Don't cry," said Jo. "I really wanted to help. And it will grow back soon. In the meantime, it'll be easier to keep tidy."

But that night the other girls heard Jo crying a little bit.

"The selfish part of me is making me cry for my hair," said Jo. "I'll be all right in the morning."

While Mother and Mr. Brooke were away, Meg and Jo went back to their jobs. Beth and Amy helped Hannah keep the house clean. Everyone tried very hard to work, be good, and be helpful.

When news of their father first came, it said that he was dangerously ill but slowly starting to get better.

Ten days after Mother left, Beth came home late one night. She had been visiting Mrs. Hummel's sick baby at their house. She went straight into Mother's room and closed the door.

1 <u>In the meantime</u>, it'll be easier to keep tidy.

그동안은 단정하게 하기가 더 쉬울 거야.

• in the meantime 그동안에

그동안 쉬면서 마실 것 좀 드세요.

힌트 relax, have something to drink

2 Meg and Jo <u>went back to</u> their jobs.

메그와 조는 자신들의 일로 돌아갔다.

• go back to (원래 하던 일을) 다시 시작하다. (원래 위치로) 돌아가다

그들은 저녁식사 후에 일에 복귀했다.

힌트 work, after dinner

3 He was dangerously ill but slowly starting to <u>get better</u>.

그는 위독했지만 서서히 회복되기 시작하고 있었다.

• get better (상황이) 좋아지다, (몸이) 회복되다

회복되려면 비타민 C를 많이 먹는 게 좋다.

힌트 good, take a lot of vitamin C

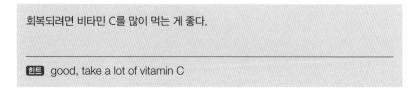

정답 1 In the meantime, relax and have something to drink.
2 They went back to work after dinner.
3 It is good to take a lot of vitamin C to get better.

DAY
25

QR 코드로
음성을 들어보세요!

Half an hour later, Jo came in. Beth looked very sick.

"What's wrong with you?" asked Jo.

❶Beth put her hand out to keep her away.

"❷You've had scarlet fever before, haven't you?" she said.

"Yes, years ago Meg and I both got it," Jo answered. "But why do you ask that?"

"Oh, Jo," cried Beth, "Mrs. Hummel was out, and her baby died in my arms."

Jo put her arms around Beth, "Oh, how terrible! What did you do?"

"I just held it until Mrs. Hummel returned with the doctor. Her children Heinrich and Minna were getting sick, too. The doctor said it was scarlet fever. He told me to take medicine quickly, or I'll catch it, too."

"I'll get Hannah," said Jo.

"❸Don't let Amy come up here," said Beth. "She hasn't had scarlet fever, and I don't want to give it to her."

Later they sent Amy to stay with Aunt March for her protection. As Beth became sicker, everyone worried about her. They decided not to tell Mrs. March about her in their letters.

....

put out (손을) 내밀다 (과거형 put) **scarlet fever** 성홍열 **be out** 외출 중이다 **put one's arms around** ~를 안다 **take medicine** 약을 먹다 **catch** (병에) 걸리다, 감염되다 **get** 데려오다, 가져오다 **protection** 보호 **as** ~함에 따라, ~하자 **decide to** ~하기로 결정하다

❶ Beth put her hand out to keep her away.

베스는 그녀가 가까이 못 오게 하려고 손을 뻗었다.

put out은 '내밀다'라는 의미이므로 put one's hand out은 '손을 내밀다[뻗다]'라는 뜻이에요. 여기서는 가까이 오지 못하게 하려고 손을 뻗은 모습을 묘사하고 있어요.

+ She put her hand out to touch his face.

그녀는 그의 얼굴을 만지려고 손을 뻗었다.

❷ You've had scarlet fever before, haven't you?

언니는 전에 성홍열에 걸린 적 있지, 그렇지?

You've had는 현재완료인데 여기서는 '~한 적 있다'라는 경험을 나타내요. 뒤에 붙은 haven't you?는 부가의문문으로서 앞 문장의 내용을 확인하려고 썼어요. 부가의문문은 앞 문장이 긍정문이면 부정형으로, 앞 문장이 부정문이면 긍정형으로 물어봐요.

+ You have seen this movie, haven't you?

너 이 영화를 본 적 있지, 그렇지?

❸ Don't let Amy come up here.

에이미를 여기 못 오게 해.

up에는 '접근한다'는 뉘앙스가 있어요. 그래서 come up (to)는 '~ 쪽으로 다가오다'라는 의미예요. 〈let+목적어+동사원형〉은 '~가 ~하게 하다[두다]'라는 뜻이에요.

+ A woman came up to me and asked for directions.

한 여자가 나한테 다가와서 길을 물었다.

Half an hour later, Jo came in. Beth looked very sick.

"What's wrong with you?" asked Jo.

Beth put her hand out to keep her away.

"You've had scarlet fever before, haven't you?" she said.

"Yes, years ago Meg and I both got it," Jo answered. "But why do you ask that?"

"Oh, Jo," cried Beth, "Mrs. Hummel was out, and her baby died in my arms."

Jo put her arms around Beth, "Oh, how terrible! What did you do?"

"I just held it until Mrs. Hummel returned with the doctor. Her children Heinrich and Minna were getting sick, too. The doctor said it was scarlet fever. He told me to take medicine quickly, or I'll catch it, too."

"I'll get Hannah," said Jo.

"Don't let Amy come up here," said Beth. "She hasn't had scarlet fever, and I don't want to give it to her."

Later they sent Amy to stay with Aunt March for her protection. As Beth became sicker, everyone worried about her. They decided not to tell Mrs. March about her in their letters.

1 He told me to <u>take medicine</u> quickly.

그는 나한테 얼른 약을 먹으라고 했어.

• **take (the) medicine** 약을 먹다

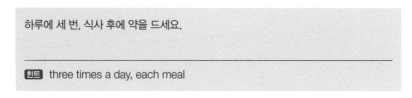

하루에 세 번, 식사 후에 약을 드세요.

힌트 three times a day, each meal

2 I'll <u>get</u> Hannah.

내가 해나 아주머니를 불러올게.

• **get** 가서 ~를 데리고 오다

내가 가서 로사를 데려올까?

힌트 should, go, Rosa

3 They <u>decided not to</u> tell Mrs. March about her in their letters.

그들은 마치 부인에게 보내는 자신들의 편지에 베스에 관한 얘기는 하지 않기로 했다.

• **decide not to** ~하지 않기로 하다

우리는 애완동물을 기르지 않기로 했다.

힌트 have a pet

정답   1 Take the medicine three times a day after each meal.
     2 Should I go and get Rosa?
     3 We decided not to have a pet.

DAY
26

QR 코드로
음성을 들어보세요!

Beth's sickness became so bad that she didn't know who Jo was, and she called out for her mother.

❶The girls got a letter from Mother saying that ❷Father had gotten worse, so she wouldn't come home for a long time. The girls worked hard while the shadow of death was over their house.

Meg began to understand that she had been rich in the truly important things, such as love, peace, and good health. ❸Jo thought about how unselfish Beth was and that she had always lived for others. Amy was sad and lonely at Aunt March's house and just wanted to help Beth.

On December first, the doctor came to see Beth. He looked at her and quietly said, "I think someone should tell Mrs. March to come home now."

Jo ran out into the snow to send a telegram. When she got back, Laurie brought a letter from Mr. Brooke that said Mr. March was getting better again.

Jo did not seem to be happy at this good news and then began to cry, "Beth doesn't recognize us anymore. I sent a telegram to Mother."

---

sickness 병, 앓음 **call out for** (위급한 상황에서) ~를 부르다[찾다] **get worse** 더 나빠지다, 악화되다 (과거분사형 gotten) **shadow** 그림자, 그늘 **death** 죽음 **rich in** ~이 풍부한[많은] **truly** 진실로, 진정으로 **important** 중요한 **such as** ~와 같은 **peace** 평화 **health** 건강 **unselfish** 이타적인 **get back** 돌아오다 **anymore** 더 이상

❶ The girls got a letter from Mother <u>saying</u> that...

딸들은 어머니로부터 편지를 받았는데 …한다는 내용이었다.

say 하면 '말하다'라는 뜻이 가장 먼저 떠오를 텐데요. 여기서는 책이나 편지 등에 '~라고 적혀 있다'라는 뜻으로 쓰였어요.

✚ We saw the sign <u>saying</u> "Please Be Quiet."

우리는 '조용히 해 주세요'라고 적힌 표지판을 봤다.

❷ Father had <u>gotten worse</u>...

아버지의 병세가 악화됐다.

get worse는 '나빠지다', '악화되다'라는 의미로 병이나 상황 등이 나빠지는 것을 나타내요. 이와 반대로 상황이 좋아질 때는 get better를 써요.

✚ As time went by, he <u>got worse and worse</u>.

시간이 지나면서 그는 상태가 점점 더 악화되었다.

❸ Jo thought about <u>how unselfish Beth was</u>...

조는 베스가 얼마나 이타적인지 생각했다.

how unselfish Beth was는 thought about의 목적어예요. 〈How+동사+주어?〉 같은 의문문이 목적어가 되면 평서문의 어순인 〈how+주어+동사〉가 돼요.

✚ We don't know <u>how old he is</u>.

우리는 그가 몇 살인지 모른다.

Beth's sickness became so bad that she didn't know who Jo was, and she called out for her mother.

The girls got a letter from Mother saying that Father had gotten worse, so she wouldn't come home for a long time. The girls worked hard while the shadow of death was over their house.

Meg began to understand that she had been rich in the truly important things, such as love, peace, and good health. Jo thought about how unselfish Beth was and that she had always lived for others. Amy was sad and lonely at Aunt March's house and just wanted to help Beth.

On December first, the doctor came to see Beth. He looked at her and quietly said, "I think someone should tell Mrs. March to come home now."

Jo ran out into the snow to send a telegram. When she got back, Laurie brought a letter from Mr. Brooke that said Mr. March was getting better again.

Jo did not seem to be happy at this good news and then began to cry, "Beth doesn't recognize us anymore. I sent a telegram to Mother."

까 더 탄탄하게!

첫

읽기

명작...
어렵고 지루할 것
같아 ㅠㅠ

작은 아씨들

QR코드 스캔하고
샘플 강의 듣기!

ctive of the
eckled
Band

QR코드 스캔하고
샘플 강의 듣기!

최수진 선생님

<얼룩 끈의 비밀>, <보헤미안 스캔들> 수록

락원

하루 30분, 한 달이면 명작 한 권 끝!

이렇게 공부하세요

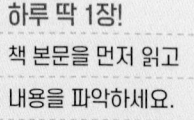

2분

하루 딱 1장!
책 본문을 먼저 읽고
내용을 파악하세요.

13분

강의로 자세한 설명을 듣고
내용을 완벽하게
이해하세요.

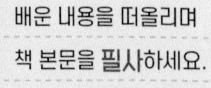

8분

배운 내용을 떠올리며
책 본문을 필사하세요.

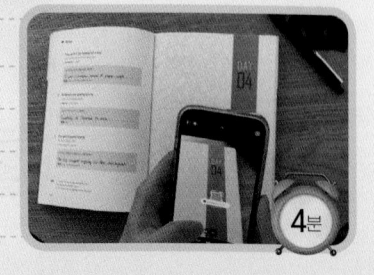

4분

책에 나온 영작 문제를 풀고
MP3를 들으며 복습까지
완벽하게 끝내세요!

1 Beth's sickness became <u>so</u> bad <u>that</u> she didn't know who Jo was.

베스는 병이 너무 악화하여 조가 누군지도 몰랐다.

• so+형용사+that+주어+동사 너무 ～해서 ～하다

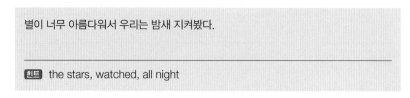

별이 너무 아름다워서 우리는 밤새 지켜봤다.

힌트 the stars, watched, all night

2 The girls <u>got</u> a letter from Mother.

딸들은 어머니로부터 편지를 받았다.

• get 받다

그는 한 고객으로부터 이메일을 받았다.

힌트 an email, a client

3 <u>On December first, the doctor came to see Beth.</u>

12월 1일에 의사가 베스를 진찰하러 왔다.

• on+날짜 ～월 ～일에

2월 2일에 그가 집에 왔다.

힌트 came home

정답 1 The stars were so beautiful that we watched them all night.
2 He got an email from a client.
3 On February second, he came home.

DAY
27

QR 코드로
음성을 들어보세요!

Laurie held her hand and said, "Don't worry. ❶Mr. Brooke said that your mother would be back tonight and would take care of everything." Jo hugged Laurie.

For the rest of the day, the hours went slowly. ❷The doctor said a change, for better or for worse, would come very soon. No one was able to sleep while they waited.

At two o'clock Jo stood at the window while Laurie went to the station to get Mrs. March. She turned to see Meg kneeling by Beth's bed. She feared that Beth was dead. She ran to the bed.

There was a change. Beth's fever was gone. The color was coming back to her cheeks. Meg and Jo hugged each other. ❸They were too happy to speak. Then they heard the door open, and Laurie shouted, "She's here! She's here!"

When Beth woke up, she saw her mother's face and smiled. Mrs. March held her little hand. Hannah made breakfast for everyone while Mother told the girls about their father's recovery. Mr. Brooke was still with him and had promised to stay until he was better.

---

rest 나머지, 남은 것[사람] **change** 변화 **for better or for worse** 더 좋든 더 나쁘든 **be able to** ~할 수 있다 **station** 역, 정거장 **kneel** 무릎을 꿇다 **fear** 두려워하다, 걱정하다 **dead** 죽은 **color** 안색, 혈색 **each other** 서로 **wake up** 잠이 깨다 (과거형 woke) **recovery** 회복

❶ Mr. Brooke said that your mother <u>would</u> be back tonight...

브룩 선생님이 그러셨는데 너희 어머니께서 오늘 밤에 돌아오실 거래.

이 문장은 간접화법이에요. 브룩 씨가 로리에게 말한 내용은 Their mother will be back tonight...입니다. 이런 직접화법을 간접화법으로 바꿀 때는 주절의 시제에 맞춰야 하기 때문에 will이 would로 바뀌었어요.

✚ He said that he <u>would</u> be late because of the traffic jam.
그는 교통체증 때문에 늦을 거라고 했다.

❷ The doctor said a change, <u>for better or for worse</u>, would come very soon.

의사는 더 좋아지든지 더 나빠지든지 곧 변화가 있을 거라고 말했다.

for better or (for) worse는 '좋든 싫든'이라는 뜻으로 '어떤 상황이든지, 어쨌든지 간에' 정도로 해석할 수 있어요.

✚ I will always love my family, <u>for better or for worse</u>.
나는 좋든 싫든 우리 가족을 항상 사랑할 것이다.

❸ They were <u>too</u> happy <u>to</u> speak.

그들은 너무 기뻐서 말이 나오지 않았다.

〈too+형용사+to+동사원형〉 구문은 '너무 ~해서 ~할 수 없다'라는 의미로 씁니다.

✚ I was <u>too</u> busy <u>to</u> call you today.
오늘 너무 바빠서 너한테 전화할 수 없었어.

Laurie held her hand and said, "Don't worry. Mr. Brooke said that your mother would be back tonight and would take care of everything." Jo hugged Laurie.

For the rest of the day, the hours went slowly. The doctor said a change, for better or for worse, would come very soon. No one was able to sleep while they waited.

At two o'clock Jo stood at the window while Laurie went to the station to get Mrs. March. She turned to see Meg kneeling by Beth's bed. She feared that Beth was dead. She ran to the bed.

There was a change. Beth's fever was gone. The color was coming back to her cheeks. Meg and Jo hugged each other. They were too happy to speak. Then they heard the door open, and Laurie shouted, "She's here! She's here!"

When Beth woke up, she saw her mother's face and smiled. Mrs. March held her little hand. Hannah made breakfast for everyone while Mother told the girls about their father's recovery. Mr. Brooke was still with him and had promised to stay until he was better.

1 Your mother would <u>take care of</u> everything.

너희 어머니께서 모든 일을 처리하실 거야.

• **take care of** ~을 돌보다[처리하다]

그녀는 매일 그녀의 식물들을 돌본다.

_____

힌트 her plants, every day

2 No one <u>was able to</u> sleep.

아무도 잠을 잘 수 없었다.

• **be able to** ~할 수 있다

아무도 뚜껑을 열 수 없었다.

_____

힌트 open the lid

3 She <u>feared that</u> Beth was dead.

그녀는 베스가 죽었을까 봐 두려웠다.

• **fear that** ~할까 봐 두려워하다

난 그것이 너무 뜨거울까 봐 두렵다.

_____

힌트 may, too hot

....

정답 1 She takes care of her plants every day.
2 No one was able to open the lid.
3 I fear that it may be too hot.

DAY
28

QR 코드로
음성을 들어보세요!

At Aunt March's house, Amy was beginning to write a letter to her mother, but ❶when she looked out the window, ❷she saw her mother coming toward the house. Amy was so happy to see her.

"Everyone loves Beth because she's unselfish," said Amy. "❸If I was sick, people wouldn't feel so bad for me. I'm going to try to be more like Beth."

That night, Jo spoke with her mother. "I want to tell you something," she said.

"Is it about Meg?" asked Mrs. March.

"Yes, you guessed so easily," remarked Jo. She told all about Meg's lost glove.

"Do you think Meg might be interested in John?" Mother asked.

"Who is John?" asked Jo.

"Mr. Brooke... John Brooke," said Mother. "I began calling him John because we became good friends at the hospital."

"Oh my!" exclaimed Jo. "He helped you take care of Father, and now you're going to give Meg to him if he wants her."

---

look out the window 창밖을 보다　**feel bad for** ~를 안타깝게[불쌍히] 여기다　**guess** 추측하다　**remark** 말하다, 한마디 하다　**lost** 잃어버린　**might** ~일지도 모른다　**exclaim** 외치다

❶ when she looked out the window

그녀가 창밖을 내다보았을 때

look out the window는 '창밖을 보다'라는 의미입니다. 참고로 Look out!만 쓰면 '조심해!'라는 뜻이 돼요.

✚ Come here and look out the window.

이리 와서 창밖을 봐.

❷ She saw her mother coming toward the house.

그녀는 어머니가 그 집을 향해 오고 있는 것이 보였다.

toward는 '~쪽으로'라는 의미입니다. 여기서는 어머니가 집이 있는 쪽으로 오는 모습을 표현하고 있어요. 참고로 '집에 오다'라고 할 때 come to the house라고 하는데 이것은 '집에 도착하다'라는 느낌이에요.

✚ I saw her coming toward me in the street.

나는 거리에서 그녀가 나에게 다가오는 것을 봤다.

❸ If I was sick, people wouldn't feel so bad for me.

만약에 내가 아프면, 사람들은 나를 그렇게 안타까워하지 않을 거예요.

〈feel bad for+사람〉은 '~를 안타깝게[불쌍히] 여기다'라는 의미로, 안 좋은 일을 겪은 사람에 대해 '불쌍하다, 안타깝다, 안됐다' 등의 감정을 표현할 때 써요.

✚ I feel bad for Lucy because her boyfriend left her.

남자친구가 떠나다니 루시 참 안됐어.

At Aunt March's house, Amy was beginning to write a letter to her mother, but when she looked out the window, she saw her mother coming toward the house. Amy was so happy to see her.

"Everyone loves Beth because she's unselfish," said Amy. "If I was sick, people wouldn't feel so bad for me. I'm going to try to be more like Beth."

That night, Jo spoke with her mother. "I want to tell you something," she said.

"Is it about Meg?" asked Mrs. March.

"Yes, you guessed so easily," remarked Jo. She told all about Meg's lost glove.

"Do you think Meg might be interested in John?" Mother asked.

"Who is John?" asked Jo.

"Mr. Brooke... John Brooke," said Mother. "I began calling him John because we became good friends at the hospital."

"Oh my!" exclaimed Jo. "He helped you take care of Father, and now you're going to give Meg to him if he wants her."

1 **If I was sick, people wouldn't feel so bad for me.**

만약에 내가 아프면, 사람들은 나에 대해 그렇게 안타까워하지 않을 거예요.

• **feel bad for+사람** ~를 안타깝게[불쌍히] 여기다

> 시험에 떨어지다니 톰 정말 안됐어.
> _____
> 힌트 Tom, failed the test

2 **I'm going to try to be more like Beth.**

나도 더 많이 베스 언니처럼 되려고 노력할 거예요.

• **I'm going to try to** 나는 ~하려고 노력할 것이다

> 나는 더 잘하려고 노력할 것이다.
> _____
> 힌트 do a better job

3 **Do you think Meg might be interested in John?**

넌 메그가 존에게 관심이 있을지도 모른다고 생각하니?

• **might** ~일지도 모른다

> 그녀는 자기가 떠날지도 모른다고 나에게 말했다.
> _____
> 힌트 told, be leaving

정답
1 I feel bad for Tom because he failed the test.
2 I am going to try to do a better job.
3 She told me that she might be leaving.

QR 코드로
음성을 들어보세요!

"Don't be angry," said Mother. "John told us that he loves Meg. He said he would save enough money to buy a comfortable house ❶before he asks her to marry him. But Father and I decided that we don't want her to marry until she's at least twenty."

CHAPTER FIVE
Together Again!

❷Christmas Day that year was very different from the year before. Beth was feeling better. She looked out the window at a snowman Laurie and Jo had made for her. In the snowman's hands were a basket of fruit, flowers, ❸and a new piece of music. Laurie brought in the presents, and Jo sang a silly song.

"I'm so happy!" said Beth. "I wish Father was here."

Half an hour later, Laurie opened the front door and said, "Here's another Christmas gift for the March family!" Then two tall men appeared. One of the men was leaning on the other man's arm.

---

save 저축하다, 모으다　**enough+명사+to+동사원형** ~할 만큼 충분한 ~　**comfortable** 편안한, 안락한　**at least** 최소한, 적어도　**the year before** 전년, 지난해　**feel better** (기분이·몸이) 좋아지다　**a piece of music** 음악 한 곡, 악보 한 개　**bring in** 가지고 들어오다　**silly** 바보 같은　**front door** 현관문　**appear** 나타나다　**lean on** ~에 기대다

❶ before he asks her to <u>marry</u> him
그가 메그에게 청혼하기 전에

marry는 '~와 결혼하다'라는 의미로 사람이 바로 뒤에 와요. 우리말로는 '~와 결혼하다'라서 marry with라고 말하기 쉬운데 전치사 없이 〈marry+사람〉으로 쓴다는 점에 주의하세요.

+ He will <u>marry</u> you someday.
그는 언젠가 너하고 결혼할 거야.

❷ Christmas Day that year <u>was very different from</u> the year before.
그해 크리스마스는 지난해와 아주 달랐다.

be different from은 '~과 다르다'라는 의미예요. that year는 '그해'를 말하고, the year before는 '그 이전 해'를 말해요.

+ American culture <u>is very different from</u> other ones.
미국 문화는 다른 문화들과 아주 다르다.

❸ and <u>a new piece of music</u>
그리고 새로운 악보 하나가

music은 '음악' 외에 '악보'라는 뜻도 있어요. music은 셀 수 없는 명사이기 때문에 '음악 한 곡', '악보 한 개'라고 할 때는 a piece of music이라고 해요.

+ He composed <u>a piece of music</u> when he was five.
그는 다섯 살 때 음악 한 곡을 작곡했다.

"Don't be angry," said Mother. "John told us that he loves Meg. He said he would save enough money to buy a comfortable house before he asks her to marry him. But Father and I decided that we don't want her to marry until she's at least twenty."

CHAPTER FIVE
Together Again!

Christmas Day that year was very different from the year before. Beth was feeling better. She looked out the window at a snowman Laurie and Jo had made for her. In the snowman's hands were a basket of fruit, flowers, and a new piece of music. Laurie brought in the presents, and Jo sang a silly song.

"I'm so happy!" said Beth. "I wish Father was here."

Half an hour later, Laurie opened the front door and said, "Here's another Christmas gift for the March family!" Then two tall men appeared. One of the men was leaning on the other man's arm.

1 He said he would save <u>enough</u> money <u>to</u> buy a comfortable house.

편안한 집을 살 만큼 충분히 돈을 모을 거라고 했단다.

• enough+명사+to+동사원형 ～할 만큼 충분한 ～

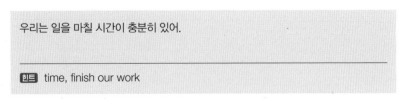

우리는 일을 마칠 시간이 충분히 있어.

_____

힌트 time, finish our work

2 We <u>don't want</u> her <u>to</u> marry until she's at least twenty.

우리는 메그가 최소한 스무 살이 될 때까지는 결혼하길 원하지 않아.

• don't want A to+동사원형 A가 ～하는 것을 원하지 않다

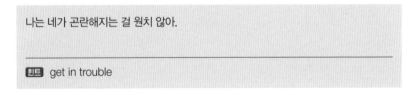

나는 네가 곤란해지는 걸 원치 않아.

_____

힌트 get in trouble

3 <u>I wish</u> Father was here.

아버지가 여기 계시면 좋을 텐데.

• I wish+주어+과거동사 (현재) ～라면 좋을 텐데

네가 나의 여동생이라면 좋을 텐데.

_____

힌트 were my sister

. . . .

정답 1 We have enough time to finish our work.
   2 I don't want you to get in trouble.
   3 I wish you were my sister.

QR 코드로
음성을 들어보세요!

Beth came running through the door and leapt into her father's arms.

"Father!" cried Meg and Jo.

❶Mr. March was covered in hugs and kisses. In the confusion, Mr. Brooke and Meg accidentally kissed.

When all the excitement calmed down, Mrs. March thanked Mr. Brooke for helping her husband.

Later, Mr. Laurence, Laurie, and ❷Mr. Brooke came over to the March's house again, and they all had Christmas dinner together.

"A year ago we were complaining about Christmas," said Jo.

"It's been a wonderful year," said Meg, who was thinking about John Brooke.

"❸It was a hard one, too," said Amy. "I'm glad it's over since Father's back now."

"I've learned a few things about you ladies today," said Mr. March.

"Oh, tell us," cried Meg.

---

leap 껑충 뛰다, 뛰어오르다 (과거형 **leapt**) **be covered in** ~ 속에 감싸이다 **hug** 포옹 **confusion** 혼란, 혼동 **accidentally** 우연히 **excitement** 흥분 **calm down** 가라앉다 **thank A for B** B에 대해 A에게 감사하다 **come over to** (~의 집)에 들르다 **hard** 힘든, 어려운 **be over** 끝나다

❶ Mr. March was covered in hugs and kisses.

마치 씨는 포옹과 키스 세례를 받았다.

be covered in은 '~으로 뒤덮이다'라는 의미로, 부분 부분 덮여 있는 상태를
나타내요. 이와 비슷한 be covered by[with]는 '~으로 덮여 있다'라는 뜻으로 거의
모든 부분이 가려진 느낌이에요.

✛ The walls were covered in some posters.
벽이 포스터들로 군데군데 덮여 있었다.

✛ Her face was covered by[with] her scarf.
그녀의 얼굴은 스카프로 덮여 있었다.

❷ Mr. Brooke came over to the March's house again...

브룩 씨가 마치 가의 집에 다시 왔다.

come over to는 '(~의 집)에 들르다'라는 의미예요. 그냥 come over만 써도
의미가 통합니다.

✛ You can come over to my house sometime.
언제 우리 집에 들르세요.

❸ It was a hard one, too.

힘든 한 해이기도 했어.

one은 앞에 나온 명사의 반복을 피하기 위해 쓰여요. 앞에 It's been a wonderful
year.(멋진 한 해였어.)라고 나오기 때문에 It was a hard one.은 문맥상 It was a
hard year.라고 볼 수 있어요.

✛ He is wearing his new hat, the white one.
그는 새 모자를 쓰고 있어요, 하얀색이요.

Beth came running through the door and leapt into her father's arms.

"Father!" cried Meg and Jo.

Mr. March was covered in hugs and kisses. In the confusion, Mr. Brooke and Meg accidentally kissed.

When all the excitement calmed down, Mrs. March thanked Mr. Brooke for helping her husband.

Later, Mr. Laurence, Laurie, and Mr. Brooke came over to the March's house again, and they all had Christmas dinner together.

"A year ago we were complaining about Christmas," said Jo.

"It's been a wonderful year," said Meg, who was thinking about John Brooke.

"It was a hard one, too," said Amy. "I'm glad it's over since Father's back now."

"I've learned a few things about you ladies today," said Mr. March.

"Oh, tell us," cried Meg.

1   All the excitement <u>calmed down</u>.

흥분이 모두 가라앉았다.

• **calm down** 진정하다, (흥분이) 가라앉다

그들은 진정하기 시작했다.

힌트 started to

2   Mrs. March <u>thanked</u> Mr. Brooke <u>for</u> helping her husband.

마치 부인은 남편을 도와준 것에 대해 브룩 씨에게 감사했다.

• **thank A for -ing/명사** A에게 ~한 것에 대해 감사하다

우리 부스에 들러 주셔서 감사해요.

힌트 stopping by, our booth

3   I've learned <u>a few</u> things about you ladies today.

난 오늘 너희에 대해 몇 가지를 알게 되었단다.

• **a few+셀 수 있는 명사** 몇 개의 ~

우리는 몇 걸음 걸어야 해.

힌트 need to walk, steps

....

정답　1　They started to calm down.
　　　 2　Thank you for stopping by our booth.
　　　 3　We need to walk a few steps.

DAY
31

QR 코드로
음성을 들어보세요!

Mr. March took Meg's hand, "Here's one. Look at the small burn on the back and the calluses on the front. I can remember when this hand was smooth and white. But now this is a pretty, hardworking hand. I'm proud of you, Meg."

"What about Jo?" asked Beth. "She's tried very hard, too."

Mr. March smiled at Jo. "❶Her hair may be short, but I can see a young lady now. I'll miss my wild girl, but ❷I'll love the kind and gentle woman who's taken her place."

Jo blushed, and Amy said, "Now Beth!"

"Beth's not so shy anymore." Then he looked at Amy, "And I've noticed Amy helps others more. ❸She's learned to think about others and less about herself."

Beth went to the piano and began to play. Soon everyone began to sing a happy Christmas song together.

It was the next afternoon, and Laurie and Jo were teasing Meg about how she would answer Mr. Brooke when he asked her to marry him.

"When he asks you, you'll cry or act stupidly instead of saying no," said Jo.

"No, I won't," said Meg. "I'll say, 'Thank you, Mr. Brooke, but I'm too young to get married.'"

"I don't believe it," said Jo.

take one's hand ~의 손을 잡다 (과거형 took) callus (손·발의) 굳은 살 smooth 부드러운 hardworking 열심히 일하는 miss 그리워하다, 보고 싶다 wild 거친 gentle 점잖은, 상냥한 take one's place ~의 자리를 차지하다 less 더 적게, 덜 tease 놀리다 stupidly 바보 같이, 어리석게 instead of ~대신에, ~하지 않고

194

Reading Points

❶ Her hair <u>may</u> be short, <u>but</u> I can see a young lady now.

머리카락은 짧을지 몰라도, 이제는 젊은 숙녀가 보이는구나.

may는 '~일지도 모른다'라는 뜻의 조동사인데 but과 같이 쓰이면 어떤 일이 사실이기는 하지만 but 다음에 나오는 내용에 큰 영향을 주지는 못한다는 것을 나타내요.

+ It <u>may</u> be a pretty dress, <u>but</u> it is not comfortable.
원피스가 예쁘기는 한데, 편하지는 않다.

❷ I'll love the kind and gentle woman who's <u>taken her place</u>.

난 그 자리를 차지한 이 친절하고 상냥한 아가씨를 사랑할 거란다.

take one's place는 '~의 자리를 차지하다', '~를 대신하다'라는 의미예요. who's taken her place는 앞에 나오는 woman을 꾸며 주는 관계대명사절이에요.

+ He's here to <u>take your place</u>.
그는 너를 대신하러 여기에 왔어.

❸ She's learned to <u>think</u> about others and <u>less</u> about herself.

에이미는 남을 배려하고 자기 자신을 덜 생각하는 것을 배웠어.

and less about herself는 원래 and <u>think</u> less about herself인데, 반복을 피하기 위해 think를 생략한 거예요.

+ I want to <u>think less</u> about food.
음식에 대한 생각을 덜 하고 싶다.

Mr. March took Meg's hand, "Here's one. Look at the small burn on the back and the calluses on the front. I can remember when this hand was smooth and white. But now this is a pretty, hardworking hand. I'm proud of you, Meg."

"What about Jo?" asked Beth. "She's tried very hard, too."

Mr. March smiled at Jo. "Her hair may be short, but I can see a young lady now. I'll miss my wild girl, but I'll love the kind and gentle woman who's taken her place."

Jo blushed, and Amy said, "Now Beth!"

"Beth's not so shy anymore." Then he looked at Amy, "And I've noticed Amy helps others more. She's learned to think about others and less about herself."

Beth went to the piano and began to play. Soon everyone began to sing a happy Christmas song together.

It was the next afternoon, and Laurie and Jo were teasing Meg about how she would answer Mr. Brooke when he asked her to marry him.

"When he asks you, you'll cry or act stupidly instead of saying no," said Jo.

"No, I won't," said Meg. "I'll say, 'Thank you, Mr. Brooke, but I'm too young to get married.'"

"I don't believe it," said Jo.

1 <u>I can remember when</u> this hand was smooth and white.

난 이 손이 부드럽고 하얗던 때를 기억한다.

• **I can remember when** ~하던 때를 기억하다

> 나는 우리가 함께 걸었던 때를 기억한다.
>
> _____
>
> **힌트** walked together

2 Beth's <u>not</u> so shy <u>anymore</u>.

베스는 이제 더 이상 수줍음이 많지 않아.

• **not ~ anymore** 더 이상 ~하지 않는

> 너는 더 이상 긴장하지 않는구나.
>
> _____
>
> **힌트** nervous

3 when he <u>asked</u> her <u>to</u> marry him

그가 언니에게 청혼하면

• **ask A to+동사원형** A에게 ~해 달라고 요청하다

> 나는 그에게 엔진 오일을 교체해 달라고 요청했다.
>
> _____
>
> **힌트** change the engine oil

....

정답 1 I can remember when we walked together.
　　　 2 You are not nervous anymore.
　　　 3 I asked him to change the engine oil.

DAY
32

QR 코드로
음성을 들어보세요!

Suddenly, there was a knock at the door. It was Mr. Brooke.

"I left my umbrella here yesterday," he said.

Meg moved toward the door.

"I'm sure Mother will want to see you. Let me get her."

"Meg, don't run away from me," said Mr. Brooke. "Are you afraid of me?"

"How could I be afraid of you ❶when you've been so good to Father?" Meg answered. Then he took Meg's hand. "❷I just want to know if you love me a little. I love you so much."

This was the moment to repeat the response she had told Jo. But instead, she answered softly, "I don't know. I'm too young..."

"I'll wait until you learn to like me," he said. "Will it be difficult?"

"❸Not if I choose to learn," she said.

"Please choose to, Meg," he said. "I can teach you. It will be easier than teaching Laurie."

---

knock 노크 소리; 노크하다　**run away** 달아나다, 도망치다　**response** 대답, 응답; 반응　**softly** (목소리가) 낮게, 부드럽게　**choose to** ~하는 것을 선택하다

Reading Points

❶ when you've been so good to Father
당신이 아버지에게 그렇게 잘해 줬는데

when은 보통 '~할 때'라는 의미로 알고 있는데 여기서는 그렇게 해석하면
어색해요. 문맥상 when을 '~인데' 또는 '~인 것을 생각하면'이라고 해석하는 것이
자연스러워요.

✚ How could I be not nice to you when you've helped me a lot?
당신이 나를 많이 도와줬는데 내가 어떻게 당신에게 친절하지 않을 수 있겠어요?

❷ I just want to know if you love me a little.
난 당신이 나를 조금이라도 사랑하는지 알고 싶을 뿐이에요.

여기서 if는 '~하면'이 아니라 '~인지 어떤지'라는 뜻으로 쓰였어요. 이처럼 if절이
동사 ask, know, find out 등의 뒤에 나오면 '~인지 어떤지'라는 뜻이 돼요.

✚ He wanted to know if she made it home.
그는 그녀가 집에 도착했는지 알고 싶어 했다.

❸ Not if I choose to learn.
제가 그러기로 선택한다면 어렵지 않을 거예요.

앞에 나온 Will it be difficult?에 대한 대답이므로, 이 문장은 원래 It won't be
difficult if I choose to learn.이에요. 반복되는 표현을 생략하고 Not if~만 남은
형태입니다.

✚ A: I'm leaving you! 나 너랑 헤어질래!
B: Not if I leave you first! 내가 먼저 헤어지지 않으면 못 헤어져!

Suddenly, there was a knock at the door. It was Mr. Brooke.

"I left my umbrella here yesterday," he said.

Meg moved toward the door.

"I'm sure Mother will want to see you. Let me get her."

"Meg, don't run away from me," said Mr. Brooke. "Are you afraid of me?"

"How could I be afraid of you when you've been so good to Father?" Meg answered. Then he took Meg's hand. "I just want to know if you love me a little. I love you so much."

This was the moment to repeat the response she had told Jo. But instead, she answered softly, "I don't know. I'm too young..."

"I'll wait until you learn to like me," he said. "Will it be difficult?"

"Not if I choose to learn," she said.

"Please choose to, Meg," he said. "I can teach you. It will be easier than teaching Laurie."

◆ Writing

1 How could I be afraid of you?

제가 어떻게 당신을 두려워할 수 있겠어요?

• **How could I ~?** 내가 어떻게 ~할 수 있겠어?

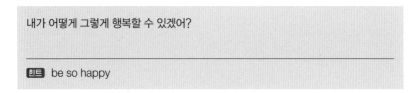

내가 어떻게 그렇게 행복할 수 있겠어?

힌트 be so happy

2 I just want to know if you love me a little.

난 당신이 날 조금이라도 사랑하는지 알고 싶을 뿐이에요.

• **I just want to know if** 난 ~인지 알고 싶을 뿐이야

난 그녀가 괜찮은지 알고 싶을 뿐이야.

힌트 okay

3 It will be easier than teaching Laurie.

로리를 가르치는 것보다 더 쉬울 거예요.

• **It will be easier than -ing/명사** ~보다 더 쉬울 거야

거절하는 것보다는 쉬울 것이다.

힌트 saying no

정답 1 How could I be so happy?

2 I just want to know if she is okay.

3 It will be easier than saying no.

DAY

33

QR 코드로
음성을 들어보세요

At that moment, Meg felt annoyed because he was smiling.

"I don't choose!" she said, "Please go away!"

"I hope you will have some time to think. I'll wait," Mr. Brooke said.

❶Now Meg felt bad to see him so sad as he left the room. Then Aunt March came in. "What is all this?" she cried.

"He's just a friend of my father's," Meg said nervously. "Mr. Brooke and I were just..."

"Mr. Brooke, the Laurence boy's tutor? He just wants to marry you to get some of my money! Well, he won't get one bit of it!"

❷It was the worst thing she could have said to Meg.

"Aunt March, I'll marry whomever I want, and you can keep your money! We won't need it!" shouted Meg.

"You'll regret this!" shouted Aunt March. "You should marry a rich boy and help your family!"

"Don't say that!" shouted Meg. "My John wouldn't marry for money. We'll work hard and save our own money! I'll be happy with him because he loves me!"

Aunt March was very angry and stormed out of the room. ❸Meg didn't know whether to laugh or cry.

---

annoyed 짜증난, 화난 **nervously** 신경질적으로, 초조하게 **bit** 작은 조각, 조금 **whomever** ~하는 사람은 누구나 **keep** 지키다, 간직하다, 보존하다 **regret** 후회하다 **one's own** ~ 자신의, ~의 **storm out of** (격노하여) ~에서 뛰어나가다

❶ Now Meg felt bad <u>to see him so sad</u> as he left the room.

방을 나갈 때 무척 슬퍼 보이는 그를 보니 메그는 이제 마음이 안 좋았다.

여기서 to see는 to부정사의 부사적 용법으로 '이유'를 나타냅니다. 따라서 to see him so sad는 '그가 슬퍼하는 것을 보니'라는 뜻이에요.

+ She felt good <u>to see him so happy</u>.
그녀는 그가 그렇게 행복한 것을 보니 기분이 좋았다.

❷ It was the worst thing she <u>could have said</u> to Meg.

그것은 고모님이 메그에게 할 수 있었던 말 중 가장 심한 말이었다.

⟨could have+과거분사⟩는 '~할 수도 있었다'라는 의미로 과거의 가능성을 나타낼 때 사용해요.

+ You <u>could have called</u> me.
넌 나한테 전화할 수도 있었잖아.

❸ Meg didn't know <u>whether to laugh</u> or cry.

메그는 웃어야 할지 울어야 할지 몰랐다.

whether는 '~인지 아닌지'라는 의미로 명사절[구]을 이끌어요. whether 뒤에는 '주어+동사'가 오기도 하고, 위와 같이 'to+동사원형'이 오기도 해요. whether to A or B는 'A해야 할지 B해야 할지'라는 뜻이에요.

+ I want to know <u>whether</u> it's true.
그것이 사실인지 알고 싶어.

At that moment, Meg felt annoyed because he was smiling.

"I don't choose!" she said, "Please go away!"

"I hope you will have some time to think. I'll wait," Mr. Brooke said.

Now Meg felt bad to see him so sad as he left the room. Then Aunt March came in. "What is all this?" she cried.

"He's just a friend of my father's," Meg said nervously. "Mr. Brooke and I were just..."

"Mr. Brooke, the Laurence boy's tutor? He just wants to marry you to get some of my money! Well, he won't get one bit of it!"

It was the worst thing she could have said to Meg.

"Aunt March, I'll marry whomever I want, and you can keep your money! We won't need it!" shouted Meg.

"You'll regret this!" shouted Aunt March. "You should marry a rich boy and help your family!"

"Don't say that!" shouted Meg. "My John wouldn't marry for money. We'll work hard and save our own money! I'll be happy with him because he loves me!"

Aunt March was very angry and stormed out of the room. Meg didn't know whether to laugh or cry.

1 **I hope you will have some time to think.**

난 당신이 생각할 시간을 좀 가지면 좋겠어요.

• **have some time to** ~할 시간을 좀 갖다

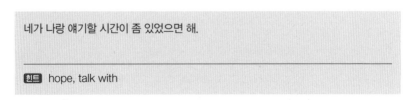

네가 나랑 얘기할 시간이 좀 있었으면 해.

힌트 hope, talk with

2 **You should marry a rich boy and help your family!**

넌 부유한 청년과 결혼해서 네 가족을 도와야 해!

• **You should** 넌 ~해야 해(충고, 조언)

너는 더 많이 웃어야 해.

힌트 smile more

3 **Aunt March was very angry and stormed out of the room.**

마치 고모는 매우 화가 나서 방에서 뛰쳐나갔다.

• **storm out of** ~에서 뛰쳐나가다

그녀는 식당을 박차고 나갔다.

힌트 restaurant

....

정답 1 I hope you have some time to talk with me.
2 You should smile more.
3 She stormed out of the restaurant.

QR 코드로
음성을 들어보세요!

Mr. Brooke came back from the other room and put his arms around her. "Oh, Meg, you do love me! I heard everything you said!"

Jo came back and found them together. Mr. Brooke laughed and kissed Jo on the cheek and said, "❶Oh, Sister Jo, wish us luck!"

That night, everyone ate dinner together. Laurie brought some flowers for "Mrs. John Brooke." When he saw Jo, he said, "What's the matter? You look sad."

"❷Nothing will ever be the same again," Jo said. "I've lost my dearest friend."

"❸You've got me," said Laurie. "I'll always be your friend. I'll come back from university in three years, and we'll take a trip together."

Jo looked around the room. Mother and Father sat happily together. Amy was drawing a picture of John and Meg. Beth was talking to her old friend, Mr. Laurence. Jo and Laurie smiled at one another and dreamed about their future.

---

wish A luck A에게 행운을 빌다   **dear** 소중한, 사랑하는   **university** 대학교   **take a trip** 여행하다   **look around** 둘러보다   **draw a picture of** ~의 그림을 그리다   **dream** 꿈꾸다   **future** 미래

❶ Oh, Sister Jo, wish us luck!

아, 조 처제, 우리에게 행운을 빌어 줘!

〈wish A luck〉은 'A에게 행운을 빌어 주다'라는 의미예요. 비슷한 표현으로 Good luck! 또는 The best of luck!도 있어요.

+ Wish me luck!

내게 행운을 빌어 줘!

❷ Nothing will ever be the same again.

이전과 모든 게 달라질 거야.

ever는 부정문이나 의문문에서 '단 한순간이라도', '한 번이라도'라는 뜻을 나타내요. 위 문장은 직역하면 '아무것도 다시는 한 번이라도 똑같지 않을 것이다'인데, 이 말은 '모든 게 이전과는 달라질 것이다'라는 뜻이에요.

+ Nothing ever changes.

아무 것도 전혀 변하지 않아.

❸ You've got me.

너에게는 내가 있잖아.

여기서는 '너는 나를 가졌다', 즉 '너한테는 내가 있잖아.'라는 의미로 쓰였어요. 하지만 일상회화에서 You've got me.는 I don't know. 또는 I haven't got a clue.처럼 '모르겠어.'의 의미로도 사용돼요.

+ Don't worry. You've got me right here.

걱정하지 마. 여기 내가 있잖아.

Mr. Brooke came back from the other room and put his arms around her. "Oh, Meg, you do love me! I heard everything you said!"

Jo came back and found them together. Mr. Brooke laughed and kissed Jo on the cheek and said, "Oh, Sister Jo, wish us luck!"

That night, everyone ate dinner together. Laurie brought some flowers for "Mrs. John Brooke." When he saw Jo, he said, "What's the matter? You look sad."

"Nothing will ever be the same again," Jo said. "I've lost my dearest friend."

"You've got me," said Laurie. "I'll always be your friend. I'll come back from university in three years, and we'll take a trip together."

Jo looked around the room. Mother and Father sat happily together. Amy was drawing a picture of John and Meg. Beth was talking to her old friend, Mr. Laurence. Jo and Laurie smiled at one another and dreamed about their future.

1 Laurie <u>brought</u> some flowers <u>for</u> "Mrs. John Brooke."

로리는 '존 브룩 부인'에게 줄 꽃을 가져왔다.

• **bring A for B** B를 위해 A를 가져오다

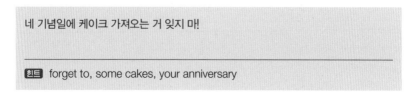

네 기념일에 케이크 가져오는 거 잊지 마!

_____

힌트 forget to, some cakes, your anniversary

2 We'll <u>take a trip</u> together.

우리는 함께 여행을 갈 거야.

• **take a trip** 여행하다

나는 친구와 하와이로 여행을 갈 거야.

_____

힌트 to Hawaii

3 Jo <u>looked around</u> the room.

조는 방을 둘러보았다.

• **look around** 둘러보다

그녀는 위층으로 올라가기 전에 집을 둘러봤다.

_____

힌트 the house, going upstairs

. . . .

정답 1 Don't forget to bring some cakes for your anniversary!
2 I will take a trip to Hawaii with my friend.
3 She looked around the house before going upstairs.

translation

CHAPTER ONE
네 자매

"선물이 없으니 크리스마스가 예전 같지 않아." 조가 투덜 거렸다.

"가난하다는 건 정말 끔찍해." 자신의 낡은 드레스를 보며 메그가 동의했다.

"어떤 여자애들은 부유해서 원하는 걸 모두 가지고 있는 반 면에 다른 여자애들은 가진 게 아무것도 없다는 건 불공평 해." 어린 에이미가 말했다.

"하지만 우리에게는 어머니와 아버지, 그리고 서로가 있잖 아." 베스가 말했다. 그녀는 항상 상황의 밝은 면을 보려고 애썼다.

난롯불 주위에 둘러앉은 네 자매는 이 생각에 기운이 났다.

"하지만 우리에겐 아버지가 안 계시잖아." 조가 슬프게 말했 다. "앞으로도 오랫동안 그럴 거야."

그들은 저마다 미국 남북 전쟁에서 싸우느라 멀리 계신 아버 지를 말없이 걱정했다.

"남자들이 전쟁 중일 때 선물에 돈을 낭비하는 건 그릇된 일 이라고 어머니가 말씀하셨어." 메그가 말했다.

"하지만 우리가 가진 건 각자 1달러씩이야." 조가 말했다. "4 달러는 군대에 도움이 안 될 거야. 그냥 우리가 원하는 것을 사자. 우린 그 돈을 얻기 위해 열심히 일했어."

"우리가 어렸을 때 아버지가 잃으신 돈이 있다면 좋을 텐 데." 메그가 말했다.

"내가 남자라면, 가서 아버지와 함께 싸울 텐데." 조가 말 했다.

메그는 크고 둥근 눈과 부드러운 갈색 머리를 가진 아름다운 열여섯이었다. 젊은 여성으로서 그녀는 언제나 깔끔하고 숙 녀답게 보이는 데에 무척 신경을 썼다. 조는 열다섯 살로, 키 가 크고 말랐다. 그녀는 자신의 빨간 머리를 뒤로 넘기고 다 녔다. 마음속은 진짜 말괄량이로, 그녀의 성격은 종종 메그 의 성격과 정반대로 치우쳤다. 베스는 열세 살이고, 매우 수 줍음이 많았다. 그녀는 자신만의 행복한 세계 안에 존재하는 것 같았다. 에이미는 막내로 자신이 공주라고 생각했다. 그 녀는 금발의 곱슬머리와 엷은 푸른 눈을 가졌다.

6시쯤 메그는 집 안을 밝히기 위해 램프에 불을 붙였다. 베 스는 어머니의 슬리퍼를 덥히려고 불가에 놓았다. 조가 그 슬리퍼를 보며 말했다. "이것들은 너무 낡았어. 어머니는 새 로 한 켤레가 필요해."

"우리 돈을 어머니 선물 사는 데 쓰자." 베스가 말했다.

"좋은 생각이야." 조가 말했다. "어머니가 깜짝 놀라실 거 야."

곧 그들의 어머니인 마치 부인이 일을 마치고 집에 도착했 다.

"너희 아버지한테서 편지가 왔단다." 마치 부인이 흥분하여 말했다. 그 편지는 그들을 기운 나게 했는데, 특히 마지막에 딸들에게 쓴 메시지가 그랬다.

> 여기 너희들 한 명 한 명에게 나의 사랑과 키스를 보낸 다. 난 매일 너희 모두를 생각한단다. 너희들이 어머니 에게 잘하고 있다는 걸 안다. 그래서 내가 돌아가면, 난 우리 작은 아가씨들이 자랑스러울 거야.

크리스마스 아침에, 딸들은 아래층으로 내려왔다. 메그가 물 었다. "어머니는 어디 계세요?"

"동네 저쪽에 계신 것 같아." 해나 아주머니가 말했다. 해나 아주머니는 조가 태어났을 때부터 그들과 함께 살아 온 가 정부였다. 그녀는 오히려 친구 같았다.

"어떤 가난한 여자가 집에 찾아와서 어머니가 그녀를 도우 러 가셨어."

그때 문에서 소리가 들렸다. 딸들은 어머니에게 드릴 선물 바구니를 의자 밑에 도로 밀어 넣고 식당으로 달려갔다. 그 들은 아침 식사를 기다리며 식탁에 앉았다.

"메리 크리스마스, 어머니!" 그들이 외쳤다.

"메리 크리스마스, 우리 작은 아씨들!" 마치 부인이 말했다. 그런 뒤 그녀는 미소를 멈췄다. "우리 이웃인 험멜 부인은 몹 시 가난한데 새로 아기가 태어났단다. 그녀의 여섯 아이는 모두 한 침대 안에 있단다. 온기를 유지하려고 애쓰면서 말 이야. 그들에게 크리스마스 선물로 우리의 아침 식사를 주는 게 어떻겠니?"

딸들은 잠시 동안 생각했다.

"우리가 식사를 시작하기 전에 어머니가 돌아오셔서 다행이에요." 조가 말했다. 그러고 나서 딸들은 자신들의 아침 식사를 바구니에 담았다.

그들은 해나 아주머니와 함께, 낡은 건물 안에 있는 초라한 방으로 들어갔다. 거기서 그들은 병든 엄마가 우는 아기와 겁먹은 아이들 몇 명을 데리고 있는 것을 발견했다. 해나 아주머니는 땔감을 가져와서 불을 지폈다. 마치 부인은 그 엄마에게 차와 음식을 주었다. 딸들은 아이들을 불 주변으로 모이게 하여 먹을 것을 주었다. 그런 뒤 마치 가의 딸들은 자신들의 선행으로 마음속에서 훈훈한 만족감을 느꼈다.

나중에 마치 부인은 선물을 받고 기뻐했다. 그들은 웃고 입을 맞추고 얘기하면서 한참을 보냈다. 그러고 나서 딸들은 조가 쓴 연극을 연습했다. 그들은 그날 저녁에 그것을 연기할 것이었다.

DAY **05** p.38

크리스마스 밤에 친구들 몇 명이 '마녀의 저주'를 위한 막이 오르는 걸 지켜보았다. 네 명의 딸들이 연기하고 있을 때, 그들이 종이로 만들었던 높은 성이 넘어졌다. 모두 웃었지만, 그들은 그것을 다시 세우고 연기를 계속했다.

연극이 끝났을 때, 모두를 위한 뜻밖의 선물이 있었다. 한밤의 만찬! 과일, 케이크, 아이스크림과 프랑스 초콜릿이 있었다. 심지어 싱싱한 꽃들도 있었다. 딸들은 자신들의 눈을 믿을 수 없었다.

"이것들은 어디서 왔어요?" 메그가 물었다.

"우리의 부유한 이웃인 로렌스 할아버지께서 보내셨단다." 마치 부인이 말했다.

"그분은 너희들이 아침 식사를 나눠 준 일에 대해 듣고 아주 기뻐하셨어. 오늘 오후에 그분이 우리에게 자신이 대접하는 걸 받아 달라고 부탁하는 편지를 보내셨어."

"그 생각은 틀림없이 거기 사는 남자애한테서 나왔을 거야." 조가 말했다. "그 애가 우리를 만나고 싶어 하는 게 분명해. 하지만 그 앤 수줍음이 너무 많아."

DAY **06** p.44

CHAPTER TWO
옆집 소년

며칠 후, 메그는 조에게 종이 한 장을 보여 주었다. 그것은 샐리 가디너의 집에서 열리는 신년 파티 초대장이었다.

"어머니는 우리가 가도 된다고 하셨어. 그런데 뭘 입을까?"

"면 드레스가 우리가 가진 제일 좋은 드레스잖아." 조가 말했다. "언니 것은 상태라도 좋지만, 내 것은 뒤에 불에 탄 자국과 구멍이 있어."

"그럼 넌 사람들한테서 계속 등을 돌리고 있어야겠구나." 메그가 말했다.

파티가 열리는 날 저녁, 메그와 조는 가디너의 집으로 갔다. 메그는 샐리 가디너와 얘기하는 게 즐거웠지만, 조는 여자아이들 수다에는 관심이 없었다. 그녀는 다른 아이들이 춤추는 걸 지켜보면서 등을 벽에 기댄 채 서 있었다. 어떤 덩치 큰 남자애가 자기 쪽으로 오고 있는 것을 보고는 그녀는 재빨리 문을 통해 어느 작은 방으로 들어갔다. 그런데 이미 그곳에는 수줍음 많은 또 한 사람이 숨어 있었다. 그는 옆집에 사는 '로렌스 가의 소년'이었다.

DAY **07** p.50

"이런, 네가 여기 있는 줄 몰랐어." 조가 말했다.

"괜찮아." 그 남자애가 말했다. "얘, 너 우리 옆집에 살지, 그렇지?"

"응." 조가 말했다.

"나를 그냥 로리라고 불러." 그 남자애가 말했다. "난 파티를 좋아해. 하지만 여기서는 다들 어떻게 하는지 몰라. 난 오랫동안 유럽에서 살았거든."

"난 사람들이 자기 여행에 관해 얘기하는 걸 듣는 게 정말 좋아." 조가 말했다. 그녀는 로리에게 유럽의 학교, 휴일, 그리고 여행에 관한 질문을 했다.

"미안해, 조." 조가 로리와 즐겁게 얘기하고 있을 때 메그가 그녀에게 말했다. 메그의 신발이 너무 꼭 끼어서 곧 메그는 다리를 절뚝거리고 말았다. "발목을 다쳤어. 집에 어떻게 갈지 모르겠어."

로리는 그녀의 얘기를 듣고는 할아버지의 마차로 그들을 집까지 태워 주겠다고 했다. 집에 도착하자, 그들은 로리에게 고마움을 표하며 잘 자라고 인사했다. 조는 로리가 마음에 들었다.

DAY 08　　　　　　　　　　　p.56

다음 날 아침, 메그가 말했다. "마차를 타고 집에 오니까 정말 좋았어. 난 우리가 늘 그럴 수 있을 만큼 부자였으면 좋겠어."

"글쎄, 우리는 부자가 아니니까 어머니가 하는 것처럼 웃으면서 우리 일을 해야 해." 조가 말했다.

그들의 아버지는 친구를 돕다가 돈을 잃었다. 조와 메그가 이 사실을 알았을 때, 그들은 가족을 돕기 위해 돈을 벌고 싶었다. 메그는 네 명의 아이들을 가르치는 교사로 일했다. 그것은 그녀에게 무척 힘든 일이었다. 조는 마치 고모를 위해 일했다. 하지만 고모는 불평 많은 노부인이었다. 베스는 수줍음이 너무 많아 학교에 다닐 수 없었다. 그녀는 집에서 공부했고, 해나 아주머니를 도와 집을 청소했다. 그녀는 그들의 낡은 피아노를 연주하면서 많은 시간을 보냈다. 비록 음악 수업을 받을 형편이 안 됐지만, 그녀는 더 나은 연주자가 되기 위해 연습했다. 에이미는 미술을 매우 잘했고, 커서 화가가 되고 싶어 했다.

어느 날, 조는 정원의 눈을 치우러 바깥으로 나갔다. 그녀는 옆집 로렌스 가의 저택을 바라보았다. 그 저택은 활기 없고 외로워 보였다. 조는 로리가 최근에 뭘 하며 지냈을까 궁금했는데, 그때 갑자기 그가 이 층 창문에서 밖을 내다보고 있는 게 보였다.

DAY 09　　　　　　　　　　　p.62

그가 창문을 열자 조가 물었다. "너 무슨 일 있어? 그동안 아팠어?"

"응, 하지만 지금은 훨씬 나았어. 너 놀러 오지 않을래?"

"어머니가 허락하면 갈게." 그녀가 말했다.

로리는 그녀의 방문에 설렜다. 곧 그의 하인이 문 쪽으로 가더니 말했다. "도련님, 누가 도련님을 뵈러 오셨어요."

조가 조그만 상자와 새끼 고양이 세 마리를 들고 있었다. "메그 언니가 너에게 케이크를 갖다 주라고 부탁했어. 그리고 베스는 네가 자기 새끼 고양이들과 노는 걸 좋아할지도 모른다고 생각했어."

"너희는 모두 아주 친절하구나." 로리가 말했다. "베스가 집에 있는 부끄럼 많은 애지?"

"응, 그 앤 착한 아이야." 조가 대답했다.

"그리고 메그는 예쁘고, 에이미는 금발의 곱슬머리인 애, 맞지?" 로리가 말했다.

"어떻게 알았어?" 조가 물었다.

로리는 당황해서 얼굴을 붉히며 대답했다. "밤에 가끔 너희들이 깜빡하고 커튼을 치지 않을 때, 난 너희들이 재미있게 노는 걸 볼 수 있어. 너희들이 어머니와 난롯불 주변에 앉아 있는 것도 볼 수 있지. 난 어머니가 안 계셔."

"우리 집에 놀러 와." 조가 말했다.

DAY 10　　　　　　　　　　　p.68

두 사람은 얘기하다가 둘 다 책을 아주 좋아한다는 것을 알게 되었다.

"우리 할아버지가 무섭지 않다면, 와서 우리 서재를 구경해."

"난 누구도 무서워하지 않아." 조가 말했다.

서재에서 조는 로렌스 가에서 소장하고 있는 책들을 보고 깜짝 놀랐다. 갑자기 벨이 울렸다. 하인이 와서 로리에게 의사가 그를 보러 왔다고 전했다. 로리는 잠시 조를 두고 나갔다.

그녀는 로렌스 할아버지의 초상화를 보며 서 있다가 큰 소리로 말했다. "난 저 분이 무섭지 않아. 비록 입은 굳게 다물고 있지만, 착한 눈을 가지셨으니까."

"고맙구나." 그녀 뒤에서 어떤 낮은 목소리가 말했다.

조가 재빨리 뒤돌아보니 로렌스 할아버지가 있었다. 그녀의 얼굴이 붉어졌다.

"너는 나를 무서워하지 않는구나, 그렇지?"

"별로 안 무서워요."

"그래, 내 손자와 뭘 하고 있었니?" 그가 물었다.

"그냥 그 애를 기운 나게 해 주고 있었어요. 그 애는 외로워 보여요." 그녀가 대답했다.

DAY 11　　　　　　　　　　　p.74

그들은 다 함께 차를 마셨다. 로렌스 할아버지는 로리가 얼마나 행복해 보이는지 알아챘다.

'이 여자아이의 말이 맞아.' 그는 생각했다. '이 애는 정말로 기운을 북돋아 줄 필요가 있어.'

로리와 마치 가의 딸들은 금세 친한 친구가 되었다. 로리의 가정교사인 브룩 씨는 자신의 학생이 늘 놀려고 달아난다고 불평했다.

"그 애가 즐겁게 지내도록 놔두게." 로렌스 씨가 말했다. "밀린 공부는 나중에 따라잡을 걸세."

그들은 함께 많은 밤을 행복하게 보냈다. 그들은 희곡을 써서 연극을 하고 작은 파티를 열곤 했다. 베스만이 너무 수줍어서 로렌스 씨의 저택에 가지 못했다.

로렌스 씨는 이 말을 듣고, 마치 부인과 얘기를 하러 갔다. 그는 딸 중에서 누구라도 그의 멋진 피아노를 치고 싶다면, 마음대로 와도 좋다고 했다.

베스는 그들이 피아노에 관해 얘기하는 것을 듣고 참을 수가 없었다. 그녀는 자신의 작은 손으로 로렌스 씨의 손을 잡고 떨리는 목소리로 말했다. "저… 저 무척 가고 싶어요."

DAY 12　　　　　　　　　　　　　p.80

베스는 매일 로렌스 씨의 집에 가기 시작했다. 로렌스 씨와 하인들은 그녀의 연주를 듣는 것이 즐거웠다. 그녀는 너무 고마워서 로렌스 씨에게 줄 새 슬리퍼 한 켤레를 바느질하여 그의 서재에 놓아두었다. 다음 날, 베스가 산책하고 집에 돌아왔을 때, 어머니가 그녀를 위한 깜짝 선물이 있다고 말했다. 거실에 작고 예쁜 피아노 한 대가 놓여 있었다. 그 위에는 그녀를 위한 편지가 있었다.

마치 양에게,

나에게는 슬리퍼 여러 켤레가 있었단다. 하지만 이 슬리퍼는 내가 이제까지 가진 것 중에서 최고란다. 난 너에게 한때는 죽은 내 어린 손녀의 것이었던 물건을 보내 고마움을 표시하고 싶구나.

정말 고맙고, 난 너의 좋은 친구란다.

제임스 로렌스

수줍음 많은 어린 베스는 곧장 로렌스 씨에게 감사를 드리러 갔다. 그녀는 난생처음으로 대담하게 행동했다. 그녀는 그의 서재에 들어가서 말했다. "감사를 드리고 싶어요, 할아버지." 그러고 나서 그녀는 두 팔로 그의 목을 끌어안고 그에게 키스했다.

DAY 13　　　　　　　　　　　　　p.86

CHAPTER THREE
에이미의 사고와 메그의 파티

어느 날 오후, 메그와 조는 외출 준비를 하고 있었다.

"언니들 어디 가는 거야?" 에이미가 물었다. "나도 따라가고 싶어."

"넌 초대받지 않았잖아." 메그가 말했다. "넌 가면 안 돼."

"언니들은 로리랑 어디 가는 거잖아." 에이미가 말했다.

"맞아." 조가 말했다. "이제 우리 좀 그만 귀찮게 해."

"언니들은 극장에 가는 거잖아." 에이미가 외쳤다. "나도 가고 싶어!"

"저 애를 데려가도 되잖아." 메그가 말했다.

"안 돼." 조가 말했다. "로리가 우리 둘만 초대했어."

"하지만 메그 언니가 나도 가도 된다잖아!" 에이미가 소리쳤다.

"넌 그냥 집에 있어!" 조가 화가 나서 말했다.

"이 일을 후회하게 될 거야, 조 마치!" 언니들이 집을 나설 때 에이미가 소리쳤다.

조와 메그는 극장에서 로리와 함께 즐거운 시간을 보냈다. 그러나 조는 에이미가 자기를 후회하게 만들기 위해서 무엇을 할지 궁금한 마음을 멈출 수 없었다.

DAY 14　　　　　　　　　　　　　p.92

다음 날 오후, 조는 자신의 소설 공책을 찾다가 알아냈다.

"내 공책 본 사람 있어?" 그녀가 물었다.

메그와 베스가 말했다. "아니." 그런데 에이미는 말이 없었다.

"에이미, 그거 어디 있어?" 조가 물었다.

"내가 태워 버렸으니까 절대 다시는 못 볼 거야!"

조의 얼굴이 창백해졌다. "난 그 소설들을 쓰느라 정말 열심히 작업했어."

"내가 후회할 거라고 했잖아, 그리고 언니는 지금 후회하고 있어." 에이미가 소리쳤다.

조는 그녀의 어깨를 움켜잡고 흔들었다.

"넌 아주 정말 못된 계집애야!" 조가 외쳤다. "너를 절대로 용서 못 해!"

마치 부인이 집에 와서 그 이야기를 들었을 때 에이미에게 말했다. "어떻게 그럴 수 있니? 그것들은 조가 신문에 내고 싶어 했던 소설들이었어."

에이미는 자기가 얼마나 끔찍한 짓을 저질렀는지 깨닫고 울기 시작했다. 나중에, 그녀는 조에게 용서해 달라고 빌었다. 그러나 조는 대답했다. "절대로 용서 못 해!"

DAY 15 p.98

다음 날, 조는 로리와 함께 스케이트를 타러 갔다. 메그는 에이미에게 조를 따라가서 그녀가 기분 좋을 때 뭔가 착한 일을 하라고 말했다. 그래서 에이미도 강에 가서 스케이트를 타기 시작했다. 조는 그녀를 보고는 외면했다.

"가운데 있는 얼음은 안전하지 않아!" 로리가 외쳤다. "가장자리 근처에만 있어."

조는 그 경고를 들었지만, 에이미는 듣지 못했다. 에이미는 스케이트를 타고 강 한가운데로 갔다.

갑자기 얼음이 깨졌다. 에이미는 큰 비명과 함께 얼음 속으로 빠졌다. 그러자 로리는 스케이트를 타고 조를 빠르게 지나갔다. 그녀는 로리에게 소리를 지르려고 했지만, 목소리가 나오지 않았다. "커다란 나무판자를 가져와!" 로리가 외쳤다. 그가 에이미의 머리를 물 위로 받치고 있는 동안, 조는 나무를 가져와서 그것을 얼음 위로 밀었다. 그들은 그녀를 잡아당겨 꺼냈고, 그 겁먹은 소녀를 서둘러 집으로 데려갔다. 어머니는 난롯불 옆에서 에이미를 담요로 감쌌다. 그녀는 곧 잠이 들었다. 그러자 조가 어머니에게 물었다. "저 애는 정말 괜찮을까요?"

"그래. 네가 아주 빨리 집으로 데려온 건 잘한 일이야."

"로리 덕분이에요. 아, 이건 제 잘못이에요! 저는 너무 쉽게 화를 내요. 저는 왜 좀 더 어머니같이 될 수 없을까요?"

DAY 16 p.104

"나도 매일 화가 난단다." 마치 부인이 말했다. "하지만 난 그것을 감추는 법을 배웠지. 난 그런 화가 난 말들을 모두 내뱉지 않는단다. 너도 언젠가 똑같이 하는 법을 배우게 될 거야."

조는 울기 시작했다. 이 소리에 에이미는 눈을 떴고 미소를 지었다. 그녀의 미소는 조의 마음에 그대로 와닿았다. 그들은 서로 껴안았다. 모든 것이 용서되고 잊혔다.

4월에 메그는 자신의 저택에서 지내라는 애니 모팻의 초대를 받아들였다. 그곳에서 애니의 예쁜 물건들에 감탄하며 시간을 많이 보낼수록 메그는 점점 더 부자였으면 하고 바랐다.

그 후 파티가 열리는 저녁이 되었다. 여자애들이 준비하고 있는 동안에 꽃 상자 하나가 도착했다.

"이건 마치 양에게 온 것입니다." 하인이 말했다. "편지도 있어요."

"너무 설렌다!" 소녀들이 말했다. "누구한테서 온 거야?"

"편지는 어머니한테서 왔고, 꽃은 로리한테서 왔어." 메그가 대답했다.

"정말로?" 애니가 이상하다는 표정으로 말했다.

DAY 17 p.110

그 파티에서, 메그는 노래를 불러 달라는 요청을 받았고, 모두 그녀의 목소리가 아름답다고 말했다. 하지만 그때, 그녀가 꽃이 놓인 커다란 테이블 건너편에 서 있는 동안, 애니 모팻과 그녀의 언니 벨이 자기 얘기를 하고 있는 것을 들었다.

"가난한 마치 가의 딸들 중에 하나가 젊은 로렌스와 결혼하는 것도 괜찮을 거야. 그는 아주 부자잖아." 애니가 말했다.

"내 생각엔 마치 부인이 어쩌면 그런 계획을 하고 있는지도 몰라." 벨이 말했다.

메그는 자신이 들은 것에 대해 속이 상했다. 그녀는 조용히 혼자 울었다.

다음 날, 벨은 메그에게 목요일에 입을 드레스를 빌려주겠다고 말했다. 메그는 거절하려고 했지만, 그러지 못했다. 그날 벨은 메그의 입술을 칠해 주었고, 아름다운 하늘색 드레스를 입는 것을 도와주었다. 메그는 거울 속의 자신을 보고 깜짝 놀랐다. 드레스의 네크라인이 너무 깊게 파여 있었기 때문이었다.

메그는 처음에는 이렇게 좋은 옷을 입고 있는 것이 불편했다. 그러나 그녀는 곧 평소에는 자신과 말하지 않던 사람들이 갑자기 아주 관심 있어 하는 걸 알게 됐다. 많은 청년들이 그녀를 소개해 달라고 부탁했다.

DAY 18 p.116

메그는 방 건너편에 있는 로리를 발견했다. 그는 그녀를 못마땅한 표정으로 빤히 쳐다보고 있었다. 그녀가 로리 쪽으로 걸어갈 때, 그녀는 벨과 애니가 자신을 보며 미소 짓고 있는 것을 보았다.

"네가 여기에 와서 정말 기뻐." 메그는 가장 어른스러운 목소리로 말했다.

"조가 나에게 여기 와서 네 모습이 어떤지 자기에게 말해 달라고 부탁했어."

"넌 뭐라고 말할 거야?" 메그가 물었다.

"네가 너무 달라 보여서 널 알아보지 못했다고 할 거야."

"저 애들이 날 치장해 주고 싶어 했어. 넌 마음에 안 드니?"

"응, 맘에 안 들어." 그가 차갑게 대답했다.

이 말에 메그는 화가 났다. "그렇다면 난 너와 함께 있지 않을 거야!"

나중에 저녁 식사 때, 메그는 몇 명의 남자들과 와인을 많이 마셨다. 로리가 그녀에게 경고했다. "너무 많이 마시면 내일 아플 거야."

그러나 메그는 계속 마시고 춤을 추고 웃었다. 다음 날, 메그는 많이 아팠다.

그녀가 토요일에 집에 돌아왔을 때 어머니와 조에게 자신이 입었던 화려한 드레스와 자신이 마셨던 모든 와인에 대해 말했다. 그녀는 재미있었던 것처럼 이야기를 들려 줬지만, 끝날 무렵 그녀의 얼굴은 걱정스러워 보였다.

DAY 19   p.122

"우리에게 말하지 않은 게 있니?" 어머니가 물었다.

메그의 뺨이 붉어졌다.

"전 우리와 로리에 대해 말한 그 불쾌한 얘기들 때문에 그 사람들이 싫어요!" 그녀가 말했다. 그리고 나서 그녀는 자신이 엿들은 얘기에 대해 그들에게 말해 주었다.

"쓸데없는 얘기야!" 조가 외쳤다. "내가 로리에게 그 계획에 대해 말하면 그 애는 웃을 거야."

"아니, 그런 악의적인 험담을 절대 다시는 얘기하면 안 된다." 어머니가 조에게 말했다.

"어머니한테 계획이 있어요?" 메그가 어머니에게 물었다.

"모든 어머니는 계획이 있단다, 얘야. 하지만 내 계획은 모팻 가 사람들이 생각하는 것과는 달라. 난 내 딸들이 사랑받기를 원하고, 지역 사회에서 존경받기를 원한다. 가난이 평화로운 삶을 의미한다면 난 너희들이 가난한 게 낫다. 너희가 결혼하든 독신으로 지내든 너희 아버지와 난 항상 너희를 자랑스러워할 거야."

"저희는 어머니의 자랑스러운 딸들이 될게요." 메그와 조가 함께 말했다.

DAY 20   p.128

CHAPTER FOUR
힘겨운 나날

10월의 어느 날 오후, 조는 버스를 타고 시내로 갔다. 그녀는 버스 정류장에서부터 번화가에 있는 건물까지 걸어갔다. 그녀는 너무 긴장해서 건물을 몇 번이나 들락날락했다. 네 번째에 마침내 그녀는 계단을 올라갔다. 10분 후에 그녀가 나왔다. 우연히 그녀를 처음부터 보았던 로리가 그녀를 기다리고 있었다.

"여긴 웬일이야?" 그녀가 놀라서 물었다.

"널 기다리고 있지. 너에게 말해 줄 비밀이 하나 있어. 하지만 너부터 말해." 그가 말했다.

"좋아, 하지만 아무한테도 말하지 마. 난 내 소설 중 두 개를 신문사에 냈어. 인쇄될지는 다음 주에 알게 될 거야."

"유명 작가, 조 마치!" 로리가 흥분하여 말했다.

조는 기뻤다. "네 비밀은 뭐야?"

"메그가 지난여름 소풍 때 잃어버린 장갑 한 짝 기억나니? 음, 난 그걸 누가 가지고 있는지 알아." 로리가 미소를 지었다.

DAY 21   p.134

로리는 조의 귀에 대고 어떤 이름을 속삭였다. 그녀는 언짢아 보였다.

"내가 그의 주머니에서 그걸 봤어. 하지만 누구에게도 말하면 안 된다는 걸 명심해."

"말하지 않겠다는 약속은 안 했어." 조가 말했다.

"너 기쁘지 않니?" 로리가 물었다.

"누군가가 메그를 데려간다는 생각은 기쁘지 않아." 조가 진지하게 말했다.

두 번의 토요일이 지난 후, 메그는 로리가 정원을 누비면서 조를 쫓아다니는 모습을 보았다. 그러고 나서 두 사람은 잔디 위에 쓰러졌다. 그들은 웃고 있었고, 조는 신문을 이리저리 흔들고 있었다.

조는 신문을 집에 가지고 들어와서 읽기 시작했다.

"신문에 뭐 흥미로운 거라도 났어?" 메그가 물었다.

"그냥 어떤 이야기야." 조가 말했다.

"크게 읽어 줘." 에이미가 말했다. "재미있을지도 몰라."

조는 아주 빨리 읽었다. 그것은 비올라와 안젤로라는 두 연

223

인에 대한 이야기였다. 대부분의 등장인물이 마지막에 죽지만, 딸들은 그 이야기를 좋아했다. 심지어 메그는 슬픈 장면에서 울었다.

DAY **22** p.140

"누가 썼어?" 베스가 물었다.

조의 두 눈이 환하게 빛나고 있었다.

"내가 썼지." 그녀가 말했다. 메그는 놀랐다. "네가?"

"대단해." 에이미가 말했다. "난 언니 글일 줄 알았어." 베스가 외쳤다. 그녀는 조를 껴안으며 말했다. "아, 정말 자랑스러워."

그들이 마치 부인에게 그 이야기에 대해 말해 주었을 때, 그녀도 매우 자랑스러워했다. 그날 밤, 마치 가족보다 더 행복하고 자부심 넘치는 가족은 없었다.

어느 따분한 11월 오후였다. 마치 부인과 딸들은 로리와 함께 앉아 있었다. 갑자기 해나 아주머니가 전보를 가지고 방으로 급히 들어왔다. 마치 부인은 그것을 읽더니 바닥에 떨어뜨렸다. 그녀의 손이 떨리며 얼굴이 창백했다. 조는 그것을 집어서 겁먹은 목소리로 다른 사람들에게 읽어 주었다.

> 마치 부인,
> 당신의 남편이 위독합니다. 즉시 블랭크 병원으로 와주십시오.
> 헤일 박사

해나 아주머니가 긴 여행에 필요한 마치 부인의 물건을 챙기는 동안에 딸들은 함께 울었다.

DAY **23** p.146

"제가 뭘 도와드릴까요?" 로리가 물었다.

"내가 가능한 한 빨리 갈 거라는 전보를 의사에게 보내 줘." 마치 부인이 말했다.

"다음 기차는 아침 일찍 떠나. 조, 펜과 종이 좀 주렴. 마치 고모님께 편지를 써서 여행에 필요한 돈을 빌려 달라고 부탁해야겠어."

그들이 어머니가 준비하는 걸 돕느라 바쁠 때 브룩 씨가 그들의 집에 왔다.

"나쁜 소식을 듣게 되어서 유감입니다." 브룩 씨가 점잖게 말했다. "로렌스 씨는 제가 마치 부인과 함께 여행하면 좋을 거라고 생각하십니다."

"정말 친절하시군요!" 메그가 말했다. "어머니를 보살펴 드릴 사람이 있다는 걸 알게 돼서 기뻐요. 정말 고마워요." 그녀는 그의 손을 잡고 그의 따뜻한 갈색 눈을 바라보며 말했다.

조는 뭔가를 사러 나가서 오후 늦게 돌아왔다. 그러더니 그녀는 어머니에게 돈을 주었다.

"이건 아버지의 회복을 돕고 아버지를 집으로 모셔 오기 위한 거예요."

"25달러잖아!" 마치 부인이 말했다. "이 돈 어디서 났니?"

조는 모자를 벗었다.

DAY **24** p.152

"언니의 아름다운 머리카락은 어디 갔어?" 에이미가 외쳤다.

조의 숱 많은 빨간 머리카락이 모두 잘려 있었다. 그녀는 자신의 머리카락을 가발 제조업자에게 팔았다.

그들은 모두 조의 희생에 울기 시작했다.

"울지 마." 조가 말했다. "난 정말로 돕고 싶었어. 그리고 머리카락은 금방 다시 자랄 거야. 그동안은 단정하게 하기가 더 쉬울 거야."

그러나 그날 밤 다른 딸들은 조가 조금 울고 있는 것을 들었다.

"나의 이기적인 면이 내 머리카락 때문에 나를 울게 하는 거야." 조가 말했다. "아침이 되면 괜찮아질 거야."

어머니와 브룩 씨가 떠나고 없는 동안에 메그와 조는 자신들의 일로 돌아갔다. 베스와 에이미는 해나 아주머니를 도와 집을 깨끗이 치웠다. 모두 일하고 착하게 행동하며 도움이 되려고 아주 열심히 노력했다.

아버지의 소식이 처음 왔을 때, 그가 위독했지만 서서히 회복되기 시작하고 있다고 적혀 있었다.

어머니가 떠난 지 열흘 후, 어느 날 밤 베스가 집에 늦게 왔다. 그녀는 험멜 부인의 아픈 아기를 보러 그 집에 계속 방문하고 있었다. 그녀는 곧장 어머니 방으로 들어가서 문을 닫았다.

30분 후에, 조가 들어왔다. 베스는 매우 아파 보였다.

"너 무슨 일 있니?" 조가 물었다.

베스는 그녀가 가까이 못 오게 하려고 손을 뻗었다.

"언니는 전에 성홍열에 걸린 적 있지, 그렇지?" 그녀가 말했다.

"응, 몇 년 전에 메그 언니와 나, 둘 다 걸렸어." 조가 대답했다. "그런데 그건 왜 물어?"

"아, 조 언니." 베스가 외쳤다. "험멜 부인이 외출했는데, 그녀의 아기가 내 팔에 안겨 죽었어."

조는 베스를 껴안았다. "아, 정말 안됐구나! 그래서 어떻게 했니?"

"험멜 부인이 의사와 함께 돌아올 때까지 난 아기를 그냥 안고 있었어. 그녀의 아이들인 하인리히와 미나도 앓고 있었어. 의사가 그러는데 성홍열이래. 그는 나한테 얼른 약을 먹으라고 했어. 안 그러면 나도 병에 걸릴 거라고."

"내가 해나 아주머니를 불러올게." 조가 말했다.

"에이미를 여기 못 오게 해." 베스가 말했다. "걔는 성홍열에 걸린 적이 없잖아, 난 걔한테 옮기고 싶지 않아."

나중에 그들은 에이미를 보호하기 위해 마치 고모 댁에 보내서 그곳에 머물게 했다. 베스의 증세가 더 나빠지자, 모두 그녀를 걱정했다. 그들은 마치 부인에게 보내는 자신들의 편지에 베스에 관한 얘기는 하지 않기로 했다.

베스는 병이 너무 악화하여 조가 누군지도 몰랐고 어머니를 찾았다.

딸들은 어머니로부터 편지를 받았는데, 아버지의 병세가 악화되어 오랫동안 집에 오지 못한다는 내용이었다. 죽음의 그림자가 그들의 집에 드리워져 있는 동안 딸들은 열심히 일했다.

메그는 자신이 사랑, 평화, 건강과 같은 진정으로 중요한 것들을 많이 가지고 있었다는 걸 깨닫기 시작했다. 조는 베스가 얼마나 이타적인지, 그리고 그녀가 항상 다른 사람들을 위해 살아 왔다는 생각을 했다. 에이미는 마치 고모 댁에서 슬프고 외로웠으며, 베스를 돕고 싶을 뿐이었다.

12월 1일에 의사가 베스를 진찰하러 왔다. 그는 그녀를 보며 조용히 말했다. "누군가 마치 부인에게 지금 집에 오라고

말해야 할 것 같구나."

조는 전보를 보내러 눈 속으로 달려 나갔다. 그녀가 돌아왔을 때, 로리는 마치 씨가 다시 회복하고 있다고 브룩 씨가 보낸 편지를 가져왔다.

조는 이 좋은 소식에도 기뻐 보이지 않더니 울기 시작했다.

"베스가 이제는 우리를 몰라봐. 내가 어머니에게 전보를 보냈어."

로리가 그녀의 손을 잡으며 말했다. "걱정하지 마. 브룩 선생님이 그러셨는데 너희 어머니께서 오늘 밤에 돌아오셔서 모든 일을 처리하실 거래." 조는 로리를 껴안았다.

그날 남은 시간 동안, 시간은 천천히 흘렀다. 의사는 더 좋아지든지 나빠지든지 곧 변화가 있을 거라고 말했다. 기다리는 동안 아무도 잠을 잘 수 없었다.

두 시에 로리가 마치 부인을 데리러 역에 간 사이, 조는 창가에 서 있었다. 그녀가 몸을 돌리니 메그가 베스의 침대 옆에서 무릎을 꿇고 있는 것이 보였다. 그녀는 베스가 죽었을까봐 두려웠다. 그녀는 침대로 달려갔다.

변화가 있었다. 베스의 열이 없어지고 그녀의 뺨에 혈색이 돌아오고 있었다. 메그와 조는 서로 껴안았다. 그들은 너무 기뻐서 말이 나오지 않았다. 그때 그들은 문이 열리는 소리를 들었고, 로리가 외쳤다. "어머니가 오셨어! 어머니가 오셨어!"

베스는 잠에서 깨어나 어머니의 얼굴을 보며 미소 지었다. 마치 부인은 그녀의 작은 손을 잡았다. 어머니가 딸들에게 아버지의 회복에 관해 얘기하는 동안, 해나 아주머니는 모두를 위해 아침 식사를 준비했다. 브룩 씨는 여전히 아버지와 함께 있었고, 그가 나을 때까지 머무르기로 약속했다.

마치 고모 댁에서 에이미는 어머니에게 편지를 쓰기 시작하는 중이었다. 그런데 그녀가 창밖을 내다보았을 때, 어머니가 그 집을 향해 오고 있는 것이 보였다. 에이미는 어머니를 보고 무척 기뻤다.

"베스 언니는 이타적이어서 모두 언니를 좋아해요." 에이미가 말했다. "만약에 내가 아프면, 사람들은 나를 그렇게 안타까워하지 않을 거예요. 나도 더 많이 베스 언니처럼 되려

고 노력할 거예요."

그날 밤, 조는 어머니와 얘기했다. "어머니에게 얘기하고 싶은 게 있어요." 그녀가 말했다.

"메그 얘기니?" 마치 부인이 물었다.

"네, 아주 쉽게 알아맞히시네요." 조가 말했다. 그녀는 메그의 잃어버린 장갑에 대해 모두 말했다.

"넌 메그가 존에게 관심이 있을지도 모른다고 생각하니?" 어머니가 물었다.

"존이 누군데요?" 조가 물었다.

"브룩 씨… 존 브룩." 어머니가 말했다. "우리는 병원에서 좋은 친구가 되었기 때문에 난 그를 존이라고 부르기 시작했단다."

"이런!" 조가 외쳤다. "존이 어머니를 도와 아버지를 돌봤다고 이제 그가 원한다면 언니를 그 사람한테 주려고 하시네요."

"화내지 마라." 어머니가 말했다. "존은 우리한테 메그를 사랑한다고 말했어. 메그에게 청혼하기 전에 편안한 집을 살 만큼 충분히 돈을 모을 거라고 했단다. 하지만 아버지와 난 메그가 최소한 스무 살이 될 때까지는 결혼하길 원하지 않는다고 결정했단다."

CHAPTER FIVE
다시 함께하다!

그해 크리스마스는 지난해와 아주 달랐다. 베스는 건강이 더 좋아지고 있었다. 그녀는 로리와 조가 자신을 위해 만들어 준 눈사람을 창밖으로 내다보았다. 눈사람의 양손에는 과일, 꽃, 그리고 새로운 악보가 한 개 담긴 바구니가 있었다. 로리는 선물들을 가지고 들어왔고, 조는 우스꽝스러운 노래를 불렀다.

"난 정말 기뻐!" 베스가 말했다. "아버지가 여기 계시면 좋을 텐데."

30분 후에, 로리가 현관문을 열며 말했다. "여기, 마치 가족을 위한 크리스마스 선물이 하나 더 있습니다!" 그러자 키 큰 남자 두 명이 나타났다. 한 남자는 다른 남자의 팔에 기대고 있었다.

베스는 문으로 달려 나가 껑충 뛰어 아버지의 품에 안겼다. "아버지!" 메그와 조가 외쳤다.

마치 씨는 포옹과 키스 세례를 받았다. 혼란한 상황 속에서 브룩 씨와 메그는 뜻하지 않게 키스했다.

흥분이 모두 가라앉자, 마치 부인은 남편을 도와준 것에 대해 브룩 씨에게 감사했다.

나중에, 로렌스 씨, 로리 그리고 브룩 씨가 마치 가의 집에 다시 왔고, 그들은 모두 크리스마스 저녁 식사를 함께 했다.

"일 년 전에 우린 크리스마스에 대해 불평하고 있었는데." 조가 말했다.

"멋진 한 해였어." 메그가 말했다. 그녀는 존 브룩에 대해 생각하고 있었다.

"힘든 한 해이기도 했어." 에이미가 말했다. "이제 아버지가 돌아오셨으니 힘든 게 끝나서 기뻐."

"난 오늘 너희에 대해 몇 가지를 알게 되었단다." 마치 씨가 말했다.

"아, 말씀해 주세요." 메그가 외쳤다.

마치 씨는 메그의 손을 잡았다. "그 하나가 여기 있단다. 손등에 있는 작은 화상 흉터와 손바닥의 굳은살을 봐라. 난 이 손이 부드럽고 하얗던 때를 기억한다. 하지만 이제 이 손은 열심히 일하는 예쁜 손이구나. 메그, 네가 자랑스럽구나."

"조 언니는요?" 베스가 물었다. "언니도 아주 열심히 노력했어요."

마치 씨는 조에게 미소를 지었다. "머리카락은 짧을지 몰라도, 이제는 젊은 숙녀가 보이는구나. 왈가닥인 딸이 그립겠지만, 난 그 자리를 대신한 이 친절하고 상냥한 아가씨를 사랑할 거란다."

조의 얼굴이 붉어졌고, 에이미가 말했다. "이제 베스 언니 차례예요!"

"베스는 이제 더 이상 수줍음이 많지 않아." 그러고 나서 그는 에이미를 보았다. "그리고 난 에이미가 남을 더 많이 도와주는 것을 보았단다. 에이미는 남을 배려하고 자기 자신을 덜 생각하는 것을 배웠어."

베스는 피아노 쪽으로 가서 연주하기 시작했다. 곧 모두 함께 즐거운 크리스마스 노래를 부르기 시작했다.

다음 날 오후, 로리와 조는 브룩 씨가 메그에게 청혼하면 그녀가 어떻게 대답할지를 두고 그녀를 놀리고 있었다.

"그가 언니에게 청혼하면, 언니는 싫다고 말하지 않고 울거나 바보 같이 행동할 거야." 조가 말했다.

"아냐, 안 그럴 거야." 메그가 말했다. "나는 '고마워요, 브룩 씨, 하지만 전 너무 어려서 결혼할 수 없어요.'라고 말할 거야."

"못 믿겠어." 조가 말했다.

DAY 32 p.200

갑자기 노크 소리가 들렸다. 브룩 씨였다.

"어제 제 우산을 여기에 놔두고 갔어요." 그가 말했다.

메그는 문 쪽으로 갔다.

"어머니가 분명히 당신을 보고 싶어 하실 거예요. 어머니를 모셔 올게요."

"메그, 나한테서 달아나지 말아요." 브룩 씨가 말했다. "당신은 내가 두렵나요?"

"당신이 아버지에게 그렇게 잘해 줬는데 제가 어떻게 당신을 두려워할 수 있겠어요?" 메그가 대답했다. 그때 그가 메그의 손을 잡았다. "난 당신이 나를 조금이라도 사랑하는지 알고 싶을 뿐이에요. 난 당신을 아주 많이 사랑해요."

그녀가 조에게 말했던 대답을 되풀이할 순간이었다. 그러나 그 대신 그녀는 조용히 대답했다. "모르겠어요. 전 너무 어려서…"

"당신이 나를 좋아하게 될 때까지 기다릴게요." 그가 말했다. "어려울까요?"

"제가 그러기로 선택한다면 어렵지 않을 거예요." 그녀가 말했다.

"제발 그렇게 선택해 줘요, 메그." 그가 말했다. "내가 가르쳐 줄 수 있어요. 로리를 가르치는 것보다 더 쉬울 거예요."

DAY 33 p.206

그 순간, 그가 웃고 있어서 메그는 화가 났다.

"저는 그렇게 선택하지 않아요!" 그녀가 말했다. "제발 가 주세요!"

"난 당신이 생각할 시간을 좀 가지면 좋겠어요. 기다릴게요." 브룩 씨가 말했다.

방을 나갈 때 무척 슬퍼 보이는 그를 보니 메그는 이제 마음이 안 좋았다. 그때, 마치 고모가 들어왔다. "이게 다 뭐니?" 그녀가 외쳤다.

"그는 그냥 아버지의 친구예요." 메그가 초조하게 말했다. "브룩 씨와 전 그냥…"

"로렌스 가 아이의 가정교사, 브룩 씨 말이니? 그는 단지 내 돈을 가지려고 너와 결혼하고 싶은 거야! 음, 그는 한 푼도 갖지 못할 거다!"

그것은 고모님이 메그에게 할 수 있었던 말 중 가장 심한 말이었다.

"마치 고모님, 전 누구든 제가 원하는 사람과 결혼할 거예요. 고모님은 고모님 돈을 지키면 돼요! 우리는 그 돈 필요 없어요!" 메그가 소리쳤다.

"넌 후회할 거야!" 마치 고모가 소리쳤다. "넌 부유한 청년과 결혼해서 네 가족을 도와야 해!"

"그런 말씀 마세요!" 메그가 소리쳤다. "저의 존은 돈 때문에 결혼하지는 않을 거예요. 우린 열심히 일해서 우리의 돈을 모을 거예요! 그가 저를 사랑하기 때문에 그 사람과 함께 저는 행복할 거예요!"

마치 고모는 매우 화가 나서 방에서 뛰쳐나갔다. 메그는 웃어야 할지 울어야 할지 몰랐다.

DAY 34 p.212

다른 방에 있던 브룩 씨가 다시 와 그녀를 껴안았다. "아, 메그, 당신은 날 사랑하는군요! 당신이 한 말을 모두 들었어요!"

조는 돌아와서 그들이 함께 있는 것을 보았다. 브룩 씨는 웃으며 조의 뺨에 키스하고는 이렇게 말했다. "아, 조 처제, 우리에게 행운을 빌어 줘!"

그날 밤, 모두 함께 저녁 식사를 했다. 로리는 '존 브룩 부인'에게 줄 꽃을 가져왔다. 그는 조를 보고는 말했다. "무슨 일 있어? 슬퍼 보이네?"

"이전과 모든 게 달라질 거야." 조가 말했다. "난 나의 가장 사랑하는 친구를 잃었어."

"너에게는 내가 있잖아." 로리가 말했다. "내가 늘 네 친구가 되어 줄게. 나는 3년 뒤 대학에서 돌아올 거고, 우리는 함께 여행을 갈 거야."

조는 방을 둘러보았다. 어머니와 아버지는 행복하게 나란히 앉아 있었다. 에이미는 존과 메그의 그림을 그리고 있었

다. 베스는 그녀의 나이 많은 친구인 로렌스 씨와 얘기하고
있었다. 조와 로리는 서로에게 미소를 지으며 자신들의 미
래에 대해 꿈꿨다.